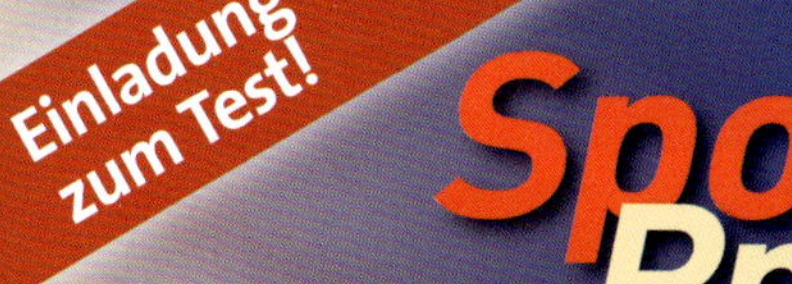

SportPraxis

+ Der Übungsleiter

Seit über 50 Jahren die führende deutsche Fachzeitschrift für Sportlehrer, Übungsleiter und Trainer

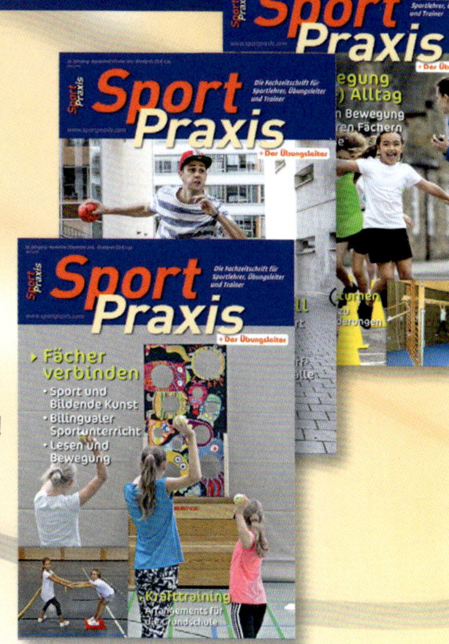

Ob Sie:

- **neue Ideen** für Ihre Schul- und Vereinsstunde
- komplette **Stundenbilder** zu allen Sportarten
- erfolgreiche und zeitgemäße **methodische** Konzepte
- aktuelle **Erkenntnisse** aus Sportpädagogik und -didaktik
- Hinweise zu **Tagungen**, **Kongressen** und **Workshops**
- **Rezensionen** zu neuen Fachbüchern und vieles mehr ...

im modernen Layout suchen:

Mit der SportPraxis sind Sie immer eine Nasenlänge voraus!

Die **SportPraxis** erscheint pro Jahr in 6 Doppelheften (12 Ausgaben) und kostet im Abonnement € 56,– (ermäßigt für Studenten / Referendare € 39,95).

Preisstand 2016 – Änderungen vorbehalten

... nutzen Sie noch heute unsere Test-Einladung!

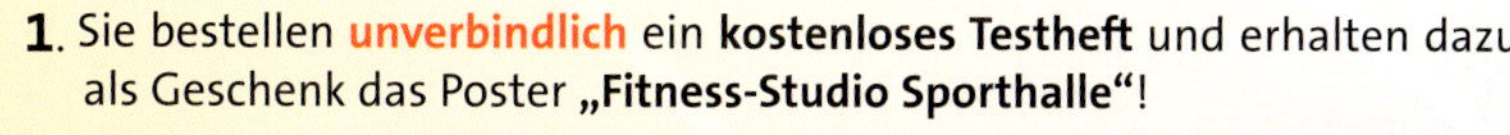

Sie haben die Wahl!

Hier unser Kennenlern-Angebot!

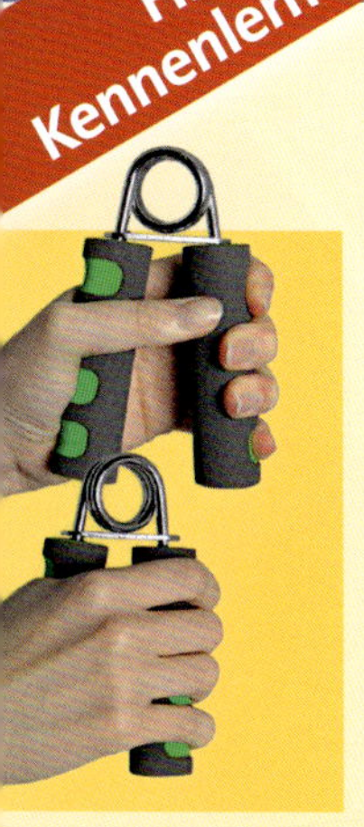

1. Sie bestellen **unverbindlich** ein **kostenloses Testheft** und erhalten dazu als Geschenk das Poster **„Fitness-Studio Sporthalle"**!

2. Sie entscheiden sich für ein **Mini-Abonnement** mit zwei aktuellen Doppelheften zum **günstigen Testpreis von nur € 11,95** incl. Mehrwertsteuer und Versandkosten. Zusätzlich zu dem Poster **„Fitness-Studio Sporthalle"** erhalten Sie **gratis** das Sonderheft **„Runde Sache"**!

Wenn Sie sich für ein Abonnement entscheiden und die **SportPraxis** regelmäßig zum Preis von € 56,– (Studenten und Referendare € 39,95, bitte Bescheinigung beilegen,) für 12 Monate zzgl. Versandkosten beziehen möchten, brauchen Sie nichts weiter zu tun. Ansonsten erhalten wir von Ihnen bis spätestens 14 Tage nach Erhalt des **Testheftes** bzw. des zweiten Heftes des **Mini-Abonnements** eine entsprechende Nachricht (Post, Fax, E-Mail). Als Neuabonnent(in) steht Ihnen ein **Begrüßungsgeschenk** zu, und zwar das bewährte **„Handmuskel–Trainings–Set"**!

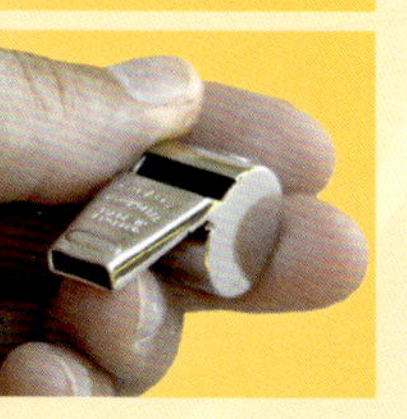

3. Schnellentschlossene profitieren zusätzlich! Als **„Sofort-Abonnent(in)"** bekommen Sie alle vorgenannten Geschenke gleich mit der ersten Lieferung und außerdem **als Zusatzgeschenk die „original Schiedsrichterpfeife"**, mit der Sie sich stilvoll überall Gehör verschaffen können!

Ob so oder so: Entscheiden Sie sich noch heute für die **SportPraxis**, denn damit haben Sie in jedem Fall **die erste Wahl** getroffen!

Armin Emrich

Spielend Handball lernen

in Schule und Verein

7., korrigierte und ergänzte Auflage

Limpert

Armin Emrich
Kürzellerstr. 33
77963 Schwanau
Tel./Fax: 07824/3671
E-mail: Armin.Emrich@t-online.de

Bibliografische Information Der Deutschen Nationalbibliothek
Die Deutsche Nationalbibliothek verzeichnet diese Publikation in der Deutschen Nationalbibliografie; detaillierte bibliografische Daten sind im Internet über http://dnb.d-nb.de abrufbar.

7., korrigierte und ergänzte Auflage

Umschlaggestaltung: Limpert Verlag
Umschlagfoto: Michael Heuberger, Schutterwald
Zeichnungen: Christa Adams, Karlheinz Grindler
Druck und Verarbeitung: TZ-Verlag & Print GmbH, Roßdorf
Printed in Germany/Imprimé en Allemagne
ISBN 978-3-7853-1935-2

Inhaltsverzeichnis

Inhaltsverzeichnis

1 Vorbemerkungen

Hallenhandball ist ein Mannschaftsspiel für Jungen und Mädchen. Auch in der Schule sind die Kinder von der Faszination des Spiels mit Hand und Ball erfasst, in allen Schularten und allen Altersstufen.

Die "Spielschule Handball" wurde seit Jahren in allen Alters- und Leistungsstufen erprobt. Im Rahmen von Jugendtraineraus- und fortbildungen, Lehrerfortbildungen sowie der Referendarausbildung wurde die Spielreihe mit viel Anklang der Teilnehmer aufgenommen und durch Anregungen immer wieder weiterentwickelt.

Das Vermittlungsmodell wurde unter jeweils unterschiedlichen Ziel- und Schwerpunktsetzungen im Schulsport und im Vereinssport unter dem Aspekt der Anfänger- und Fortgeschrittenenschulung angewandt.

Vor allem die Schulrealität, insbesondere die Leistungsunterschiede bei Schülern und Schülerinnen (z.B. koedukativer Sportunterricht) prägten die methodische Entwicklung. So wurde versucht, die jeweiligen altersspezifischen Voraussetzungen der Schüler, die räumlichen Gegebenheiten sowie die schulartspezifischen Lehrplanvorgaben in Einklang zu bringen. Lehrerinnen und Lehrern soll diese praxisgemäße Schulkonzeption zur Unterstützung der täglichen Arbeit dienen.

In der folgenden Darstellung werden "Schülerinnen bzw. Schüler" zur Vereinfachung mit dem Begriff "Schüler" oder "Spieler" zusammengefasst.

Das auf Lernfortschritt angelegte Konzept der Spielreihe beschränkt sich auf das Wichtigste, mit der Zielsetzung, technisch-taktische Elemente des Handballspiels spielerisch zu vermitteln.

"Spielschule Handball"
Wann spielen wir richtig?

Um **Spezialisten** und **Anfänger**
in gleicher Weise in das Spiel zu integrieren,
müssen die **Spielmodalitäten** so gewählt werden,
dass **alle** am Spiel **aktiv** **und** **mannschaftsdienlich**
teilnehmen können.

Die vorliegende "Spielschule" will Möglichkeiten aufzeigen, wie durch *Spielen von Anfang an* eine Entwicklung der Spielfähigkeit in allen Altersstufen erreicht werden kann.

2 Spielschule Handball

2.1 Spielend lernen - Spielfähigkeit entwickeln

Das Spiel- und Freizeitverhalten unserer Kinder hat sich infolge neuer Umwelteinflüsse weitgehend geändert.

Kinder und Schüler üben zuviel und spielen zu wenig!

Diese weitverbreitete Unterrichtspraxis entspricht nicht (mehr) dem natürlichen Spielverhalten von Kindern und Jugendlichen. Pädagogische Werte des Spiels werden durch dominantes Üben von technischen Fertigkeiten unterdrückt.
Diese Aussage macht deutlich, dass bei der handballspezifischen Zielsetzung - dem Spielen - der spezifischen Spielfähigkeit die höchste Wertigkeit zuteil werden soll. Die Spielfähigkeit bildet die grundlegende Voraussetzung für das beobachtbare Spielverhalten.

Spielfähigkeit ist nicht einfach die Summe von Technik, Taktik und Kondition. Die handballspezifische Spielfähigkeit ist sehr komplex, vielfältig und doch ganzheitlich. Die Fähigkeit Handball zu spielen umfasst in ausgewogener Zusammensetzung unter anderem:

- motivationale und konstitutionelle Faktoren
- koordinative und konditionelle Fähigkeiten
- taktische Fähigkeiten
- technische Fertigkeiten.

Spielen lernt man nur im Spiel!

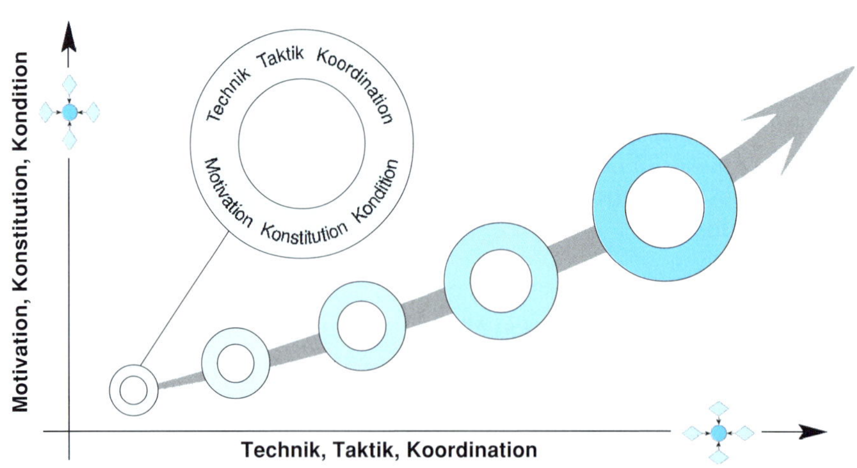

Abb. 1: Spielfähigkeit entwickeln

2.2 Eine Handballspielreihe nach dem spielgemäßen Konzept

Der Grundgedanke bei der Einführung und Schulung des Handballspiels in der Schule geht davon aus, dass durch Spielreihen zum Sportspiel Handball hingeführt wird.

Übungsformen sollen nur dann eingesetzt werden, wenn das Erlernen bestimmter Einzeltechniken dies erforderlich macht.

Bei der technisch-taktischen Schulung sollte von der Einheit des Spiels bzw. des Spielgedankens ausgegangen werden. Das Spiel ist der zentrale Ausgangspunkt für die Motivation der Schüler, individuelle und mannschaftliche Fähigkeiten und Fertigkeiten zu erlernen und zu verbessern.
Die Spielleistung kann nur durch die Verbesserung technisch-taktischer Elemente gesteigert werden. Die Schüler sollen spielend lernen, d.h. sie müssen Spielsituationen erleben, die sie bewältigen können und die bei Bedarf veränderbar sind.

Methodische Empfehlung:
- **vom Bekannten zum Unbekannten**
- **vom Leichten zum Schweren**
- **vom Einfachen zum Komplexen**
- **vom langsamen zum schnellen Spiel**
- **vom Überzahlspiel zum Gleichzahlspiel**

(Es gibt keine vorgegebene Reihenfolge)

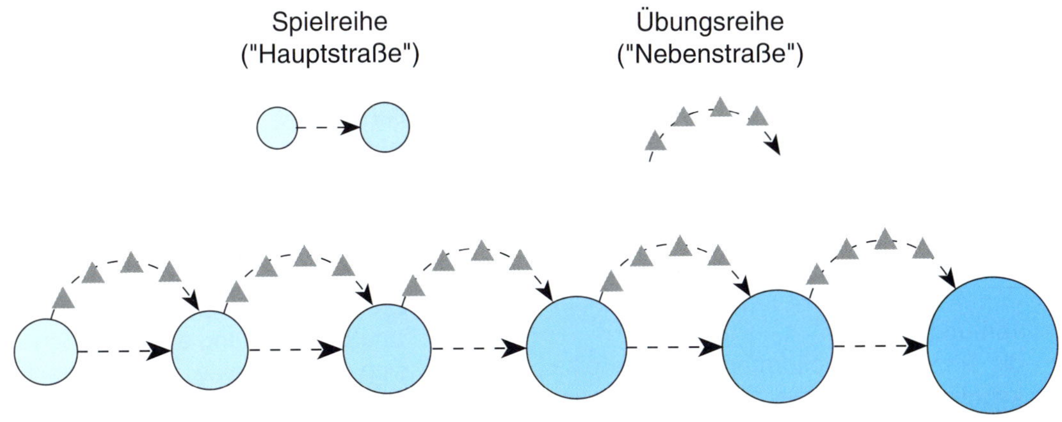

Abb. 2: Spielreihenmodell

2 Spielschule Handball

Die Handballspielreihe baut auf dem Prinzip der Elementarisierung auf. Das Zielspiel Handball wird auf repräsentative Grundsituationen reduziert. Die Spielidee (Tore erzielen und Tore verhindern) und die Spielstruktur bleiben erhalten.

Übergeordnete Zielsetzung ist die Vermittlung vielfältiger Bewegungserfahrung auf spielerische Art und Weise. Die Schulung technischer Elemente wird nur im Bedarfsfall aus den Spielformen ausgekoppelt und unter Berücksichtigung des jeweiligen Leistungsstandes wieder in die Spielformen eingekoppelt. Die Schüler können die Notwendigkeit des Übens und den Lernfortschritt erfahren.

Grundlagen:

Durch die Spielschule sollen

- einfache technische Fertigkeiten (Passen, Fangen, Prellen,Torwurf...);
- einfache taktische Fähigkeiten (Freilaufen, Abwehren...);
- konditionelle Fähigkeiten (Beweglichkeit,Schnelligkeit, Kraft, Ausdauer);
- koordinative Fähigkeiten (Orientierung, Reaktion, Rhythmus, Gleichgewicht...);

spielerisch vermittelt und verbessert werden.

Das Vorangehen kann dem Lernfortschritt der jeweiligen Klasse ständig neu angepasst werden:

- technisch-taktische Elemente sind untrennbar in den Spielformen miteinander verbunden;
- die einzelnen Spielformen der Spielreihe können wechselnden räumlichen Gegebenheiten oder den Bedürfnissen der Klassenzusammensetzung leicht angepasst werden;
- je nach Entwicklungs- und Leistungsstand können Spielaufgaben erschwert oder erleichtert werden;
- notwendiges Üben von Einzelelementen kann durch das Erkennen von Defiziten im Spiel transparent gemacht werden.

Inhaltliche Schwerpunkte beim Spielen werden gelegt durch die Veränderbarkeit von:

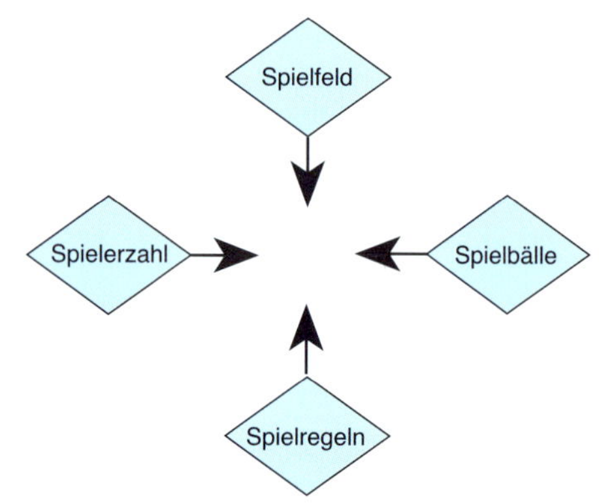

Abb. 3: Variablen

Durch die Methode "Spielen lernen durch das Spiel" kommen physische, psychische und pädagogische Werte des Handballspiels zur Geltung.

Die Schüler lernen ihre physischen und psychischen Möglichkeiten schneller und intensiver kennen. Das beobachtbare Verhalten der Schüler und die Tatsache, ob das Spiel gelingt, lassen immer wieder deutlich werden, dass beim Spielen...

...Schmerzgrenzen der Anstrengung überwunden werden
...Emotionen, Kampfgeist, Teamgeist und Begeisterung erlebt werden
...sich Blickkontakte, Körpersprache, Verstehen ohne Worte entwickeln
...alle Schüler sich gegenseitig ins Spielgeschehen mitreißen.

Möglichkeiten des erziehenden Unterrichts:

Erziehender Unterricht hat etwas mit der Vermittlung von
- Einsichten,
- Einstellungen und
- Verhaltensweisen zu tun.

Unter dem Deckmantel des Spieleifers erfahren die Schüler die Auswirkungen von Anstrengung, Ermüdung und Erholung auf sich selbst und andere.

Die Schüler erkennen die eigenen Möglichkeiten sowie die Abhängigkeit und das Angewiesensein auf den und die anderen (...mannschaftsdienliches Verhalten, übertriebener Eigenwille...).

Gruppendynamische Prozesse können bewußt gemacht werden, Konflikte, die aus dem Spielgeschehen erwachsen, können (sollten) offen angesprochen und gemeinsam Lösungsmöglichkeiten erarbeitet werden.

Der Lehrer sollte Hilfen zur Bewältigung von Frustrationen und Mißerfolgen geben. Die Spielschule strebt eine wachsende Unabhängigkeit der Schüler vom Lehrerurteil an.

Die Schüler entwickeln:

- Tugenden im Umgang mit sich selbst:
  - Schülerselbstbewertungen und Mannschaftsgefüge
  - Selbstvertrauen
  - Leistungsstreben
  - Selbstkritik (eigene Fehler erkennen/eingestehen)
  - Selbstdisziplin
  - übertriebenen Eigenwillen relativieren

- Tugenden im Umgang mit Mitspielern:
  - mannschaftsdienliches Verhalten
  - Streben nach Gerechtigkeit (Regeleinhaltung)
  - Fairness
  - Teamfähigkeit (gebildete Mannschaften bleiben über mehrere Stunden bestehen)
  - Kooperation
  - Verantwortungsbewußtsein im Spiel
  - auf Mitspieler eingehen, Konflikte umsichtig und konstruktiv lösen....

Besonders wichtig sind Diskussionen über Regeln und der selbständige Umgang mit Regeln; auch jüngere Schüler können diese Einsichten verständlich nachvollziehen.

Die folgenden Beispiele versuchen, unterrichtspraktische Bedingungen und Lehrplanforderungen in Empfehlungen umzusetzen.

Das hier vorgestellte Konzept der Spielschule ist je nach gegebenen Voraussetzungen variabel aufgebaut und veränderbar.

Ein motorisch durchschnittlich begabter Schüler sollte die jeweilige Spielaufgabe bewältigen können. Sind die Anforderungen zu hoch bzw. zu niedrig bemessen, sollte der/die Lehrer/in von der Veränderbarkeit der inhaltlichen Gestaltungsmöglichkeiten Gebrauch machen.

FAIR PLAY zu vermitteln, ist Zielstellung des Spielschulen-Konzepts!

Faire Spielweise im Schulsport ist nicht nur ein Erziehungsziel im Schulhandball, sondern auch methodisch wichtig. Fouls und zu körperbetontes Spiel unterdrücken die technischen und sozialen Entfaltungsmöglichkeiten der Schüler.

2 Spielschule Handball

Der Lehrer ist nicht nur Schiedsrichter, sondern vor allem Spielleiter mit pädagogischen, methodischen und organisatorischen Aufgaben.

Um Spezialisten und Anfänger in gleicher Weise in das Spiel zu integrieren, müssen die Spielmodalitäten so gewählt werden, dass alle am Spiel aktiv und mannschaftsdienlich teilnehmen können. Alle Schüler müssen das Gefühl haben, für den Ausgang des Spiels - bei Sieg und Niederlage - mitverantwortlich zu sein.

Zusammenfassung:

1. Die Spielschule Handball basiert auf dem Motto:

   - Spielen lernen durch das Spiel -

Es wird sofort mit dem Spiel begonnen. Die in sich schlüssige Spielreihe verknüpft Spielformen miteinander, die die gleiche Spielidee und Spielstruktur beinhalten. Das Vorgehen in kleinen Schritten führt durch geringfügige Regelveränderungen zu individuellen und mannschaftlich motivierenden Erfolgserlebnissen.

2. Die Spielschule Handball erzieht zu einer Spielhaltung:

   - FAIR PLAY
   - mannschaftsdienliches Verhalten

   und fördert

   - angewandte Technik im Spiel
   - spielspezifische Kondition
   - Spielübersicht und Spielwitz.

3. Vielleicht prägt diese Spielschule das ganze

   Hand - Ball - Spieler - Leben

4. Vielleicht wird dadurch das Handballspiel **bewusster** und **freudvoller** als ein schönes kreatives Spiel betrieben.

5. Es gibt keine eigentliche Unterrichtsdemonstrationen. Durch das Zusammenwirken von Variablen der Spielorganisation bewirkt die Spielaufgabe den Lernfortschritt durch das Spielverhalten (vgl. Praxisteil).

6. Es gibt praktisch keine Korrekturen.

   Entscheidend : b e o b a c h t e

   - gelingt das Spiel ?
   - haben die Schüler Spaß an der Spielaufgabe ?
   - sind alle Schüler in das Spiel integriert?

Lösungsmöglichkeiten bei auftretenden Problemen werden im praktischen Teil aufgezeigt.

7. Die lustige und freudvolle Stimmung wird methodisch provoziert.

8. Das mannschaftliche Zusammenspiel beim Streben nach Erfolg ist Ziel und methodische Lernhilfe zugleich.

9. Die Spielschule basiert auf dem Gedankengut

   - des erlebnisorientierten Lernens
   - des situativen Lernens
   - des aufgabenorientierten Lernens
   - des unbewussten Lernens

Zusammenwirken der 4 magischen **Rauten der Spielorganisation**

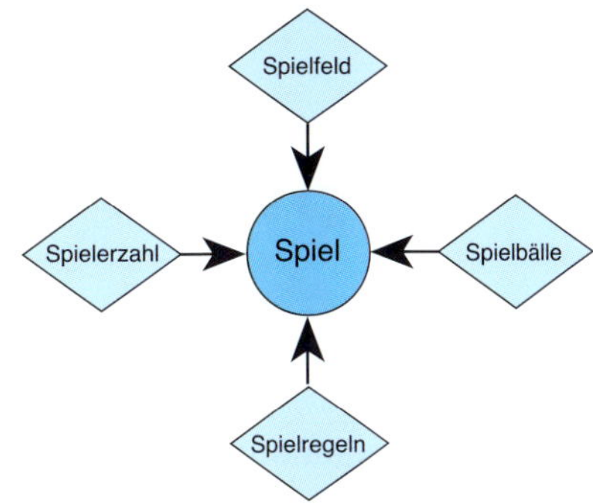

Abb. 4: Variablen der Spielorganisation

Nutze die Veränderbarkeit des Spielens!

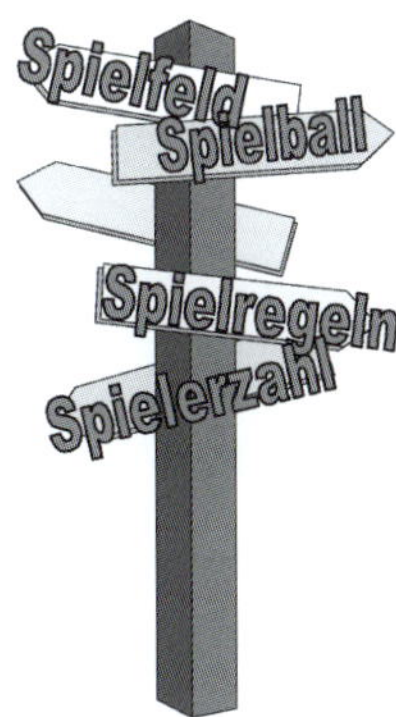

Die Variablen der Spielorganisation bedingen und ergänzen sich gegenseitig
Sie müssen zur Schulung der Spielfähigkeit methodisch in die gleiche Richtung zielen.

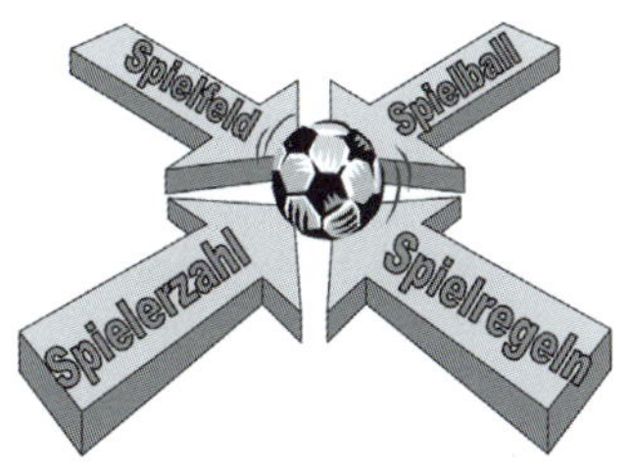

2.3 Fähigkeitsorientiertes Spielmodell - Spielschule Handball

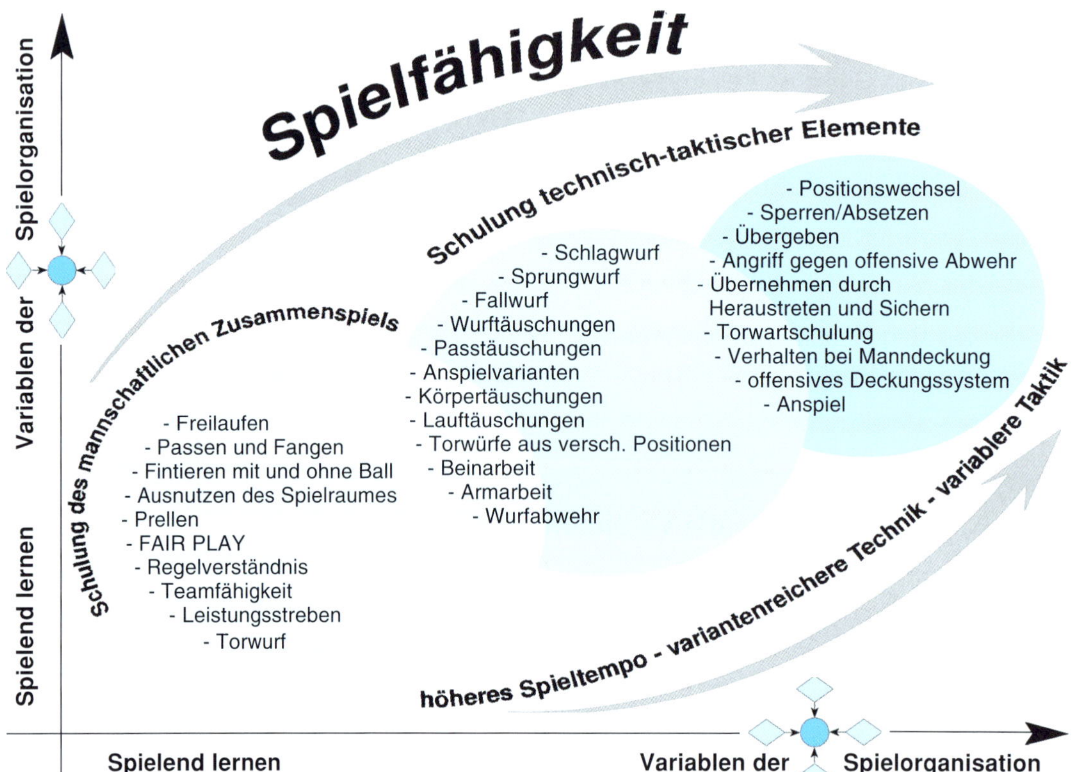

Abb. 5: Spielmodell zur Entwicklung der Spielfähigkeit in allen Altersstufen

Welchen Stellenwert haben einzelne, grundlegende technische Fertigkeiten oder taktische Elemente im Schulsport? Soll die Schulung des Spielgedankens oder der Erwerb von technischen Fertigkeiten im Vordergrund stehen?
Sicherlich sind technische Fertigkeiten ohne Spielumsetzung und Spiel ohne technische Fertigkeiten nicht möglich.

Die vorliegende Spielschule will Möglichkeiten aufzeigen, wie durch Spielen von Anfang an eine Entwicklung der Spielfähigkeit in allen Altersstufen erreicht werden kann.

Durch das dargestellte Spielmodell zur Entwicklung der Spielfähigkeit sollen die wichtigsten Aspekte des Handball-Spielens in der Schule hervorgehoben werden.

Grundlegende Basis des Spielmodells ist die Schulung des mannschaftlichen Zusammenspiels; Fangen-Passen-Werfen mit und ohne Prellen sollen unter Ausnutzung des Spielraumes das mannschaftliche Zusammenspiel fördern. Technisch-taktische Fertigkeiten wie Sprungwurf, Fallwurf, Schlagwurf, Finte usw... können dann je nach Leistungsstand bzw. Lernfortschritt der Schüler angemessen berücksichtigt werden.

2.4 Methodische Umsetzung: "Hauptstraße" Spielreihe - "Nebenstraße" Übungsreihe

2.4.1 Ein lehrplangemäßes Konzept

Lehrplaninhalte	Klasse Alter	"Hauptstraße" Spielreihe	"Nebenstraße" Übungsreihe
Schulung des mannschaftl. Zusammenspiels Passen und Fangen Ausnützen des Spielraumes Freilaufen Manndeckung Tore erzielen Tore verhindern		Kombinationsball Wandball Stangentorball Mattenball Kleingruppenspiele Sektorenspiele (alle möglichst ohne Prellen) bei allen Spielformen möglich; zusätzlich Kombinationspunkte im ganzen Spielfeld	Aufwärmübungen Technikvariation
Schlagwurf		in allen Spielformen spielgemäß	Zielwurfspiele, Technikvariation, Treffballspiele
Prellen 1:1; 2:2; 3:3;...		Mannschaftsprellball 1:1 2:2 3:3	Aufwärmspiele
Arm- und Beinarbeit		Kombinationsball nur side-step 1:1; 2:2; 3:3;...	side-step, Beinefechten, Fangspiel, Linienstep
Abwehrtechnik		Kombinationsball Mattenball/Stangentorball	Lauf- und Abschlagformen, Linienstep
Fintieren		Überzahl- Sektorenspiele Abspiel nach Passfinte	Lauf- und Fangformen, Schattenprellen, Fangspiele mit Ball
Fallwurf Sprungwurf		Mattenball Kombinationsball/Abspiel nur im Sprung (re und li)	Fallwurfübungen Sprungwurfkarussell, Stromlinien, Technikvariation, Luftlöcher schlagen,Luftballontreiben im Sprung
Torwürfe aus verschiedenen Positionen und unterschiedlichen Entfernungen		Sektorenspiel 5:3	positionsspezifische Wurfübungen
Positionswechsel, Sperren, Schirm, Anspiel, Übergeben, Übernehmen, Heraustreten, Laufwege und Wurf blockieren. Kreuzen in zeitlicher und räumlicher Abstimmung, Mannschaftstaktik		Spielformen auf engem Raum - Abspiel nur beidhändig - Torwurf einhändig. freies Spiel; offensive Abwehr durch Kombinationspunkte "erzwingen". siehe 4.8 Sportspiel Hallenhandball	Positionswechsel paarweise, positionsspezifische Schulung

2.4.2 Pädagogische Intentionen

Das methodische Vorgehen kann nicht durch den Lehrplan vorgegeben werden, sondern durch den aktuellen Leistungsstand der Schüler. Die Spielmodalitäten müssen dem Leistungsniveau und Lernfortschritt der Schüler angepasst werden.

Die traditionellen Methoden (Dominanz der Übungsreihe, Vormachen-Erklären, Korrigieren) lösen das Problem kaum, weil die durch Üben erlernten Techniken in der Komplexität und Hektik des Spiels überwiegend nicht zum Tragen kommen und damit nicht zu Erfolgserlebnissen führen.

Folgende pädagogische Intentionen werden durch die Spielschule angestrebt:

- Die Schüler dürfen keine Ängste vor dem Körpereinsatz der Gegenspieler oder vor dem Spielgerät haben (körperloses Spiel, Differenzierung in der Mannschaftzusammensetzung, Softball, Bodenpässe, ...).

- Die Schüler sollen keine Ängste vor Blamagen (Fehlpass, Fangfehler, Fehl wurf...) haben. Die Schüler sollen lernen, Fehler, Sieg und Niederlage gemeinsam zu erleben und zu ertragen.

- Schüler sollen aktive und selbständige Spieler werden. Die Spielschule schützt vor unnötiger Lehrerabhängigkeit. Nicht, was der Lehrer kann, und damit dem Schüler beibringen will, ist entscheidend, sondern die Entwicklung der schülergemäßen Spielfähigkeit.

- Die Schüler sollen zwar zügig, vor allem aber mit Freude lernen. Ein "Lern-Erfolgsdenken" durch Üben ist vordergründig. Die Erfahrung zeigt, dass beim "Vormachen-Erklären-Korrigieren-Üben-Festigen" die Schüler sich mehr mit ihren Fehlern als mit ihrem Können beschäftigen.

Lernen beim Zusammenspielen ist ein sehr komplexer Zusammenhang und läuft in Schüben ab (Plateaulernen). Der Lehrer braucht Geduld, um etwas "wachsen" zu lassen.

- Das Vorangehen in kleinen Schritten führt zu vielen motivierenden Erfolgserlebnissen und kann dem Lerntempo angepasst werden.

- Handballspezifische Spielregeln können nach und nach berücksichtigt werden.

- Der in der ersten Lernphase vereinfachte "Regelrahmen" muss vorgegeben werden. Gemäß den pädagogischen Intentionen sollten die Schüler aber dann so weit wie möglich in den "Prozess der Regelentwicklung" einbezogen werden.

- Durch die Regel- und/oder Feldveränderungen werden die Schüler geradezu "gezwungen", technisch-taktische Elemente zu erlernen.

- Eigeninitiative, Kreativität und soziales Verhalten werden praktiziert.

- Lernen durch "Versuch" und "Irrtum".

- Die Schüler finden selbständig richtige Lösungen durch Probieren.

- Fehler machen und daraus lernen, gehört zum Spielschulen-Prozess dazu.

Durch innere und äußere Differenzierung eröffnet sich die Möglichkeit, rein spielreihenorientiert vorzugehen, unter Berücksichtigung von:

- vereinfachten oder komplexeren Spielaufgaben;
- gleichzeitigem Spielen mit unterschiedlichen Spielaufgaben auf verschiedenen Spielfeldern (Vgl. "Was mache ich, wenn..." Kapitel 5.1.).

Dadurch kann im Grunde genommen auf Einzelübungen verzichtet werden. Auch auf der "Nebenstraße" kommen somit Spielformen zur Anwendung.

Vorteil:
- viele Schüler sollen gleichzeitig ohne organisatorischen Aufwand intensiv beschäftigt werden;
- je nach Entwicklungsstand und Lernfortschritt kann die Situationsreihe durch Rückgriff auf vorangegangene Spielformen oder Vorgriff auf folgende aufbauende Spielformen unterbrochen werden;
- den Schülern müssen Regeln bzw. Regelbeschränkungen einsichtig gemacht werden;
- die Spielregeln finden nach und nach Berücksichtigung;
- die Schüler wachsen durch Erweiterung der "offenen" Handlungsmöglichkeiten in das Zielspiel hinein.

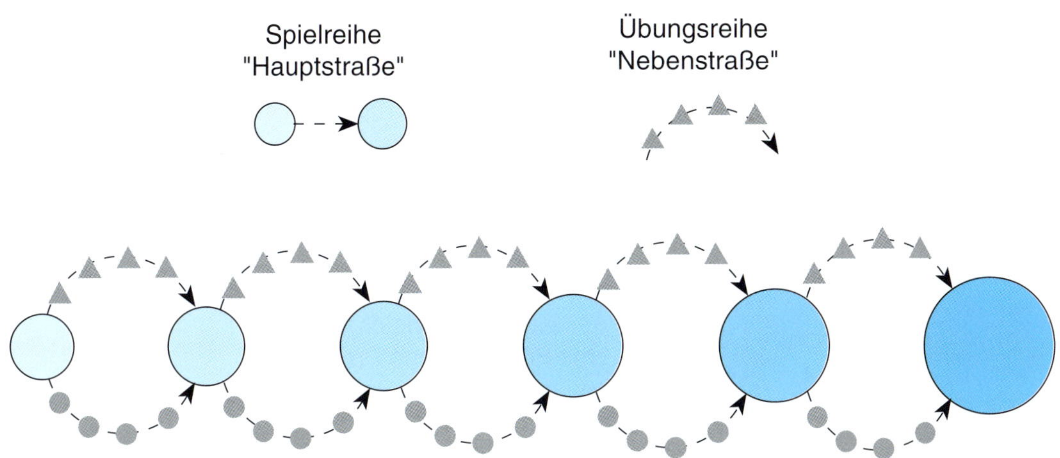

Abb. 6: Erweitertes Spielreihenmodell

Die Größe sowie die Schattierung der Kreise bringen die zunehmende Komplexität des Spiels zum Ausdruck.

Zwischen den einzelnen Spielformen selbst können jederzeit Querverbindungen bis hin zum Zielspiel hergestellt werden.

3 Inhaltliche Gestaltungsmöglichkeiten

3.1 Die Variablen der Spielorganisation

Schulung der Spielfähigkeit durch Veränderbarkeit von:

kürzer/enger/breiter/länger
Spielfelder mit neutraler Zone
Einbezug von Hallenwänden
Torerfolg nur aus bestimmten
Zonen mit bestimmter Technik
Turnmatten/Weichbodenmatte
1/3 Halle auf 2 Tore...WBM,
Turnmatten, Kasten, Kastenteil,
verkleinerte Tore
Spielfelder anderer Größe

Gleichzahl, Überzahl, Unterzahl,
reduzierte Spielerzahl
2 Mannschaften
auf 1 Tor,
2 Mannschaften
auf 2 Tore,
3 Mannschaften
auf 2 Tore

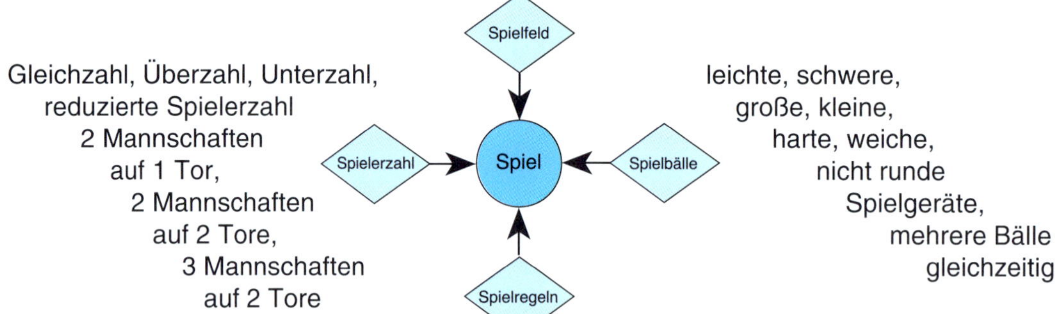

leichte, schwere,
große, kleine,
harte, weiche,
nicht runde
Spielgeräte,
mehrere Bälle
gleichzeitig

einhändig - beidhändig
mit Prellen - ohne Prellen
ohne/mit Wurfkreis
direktes/indirektes Zuspiel
Fortbewegung: Laufen,
ein-/beidbeinig, side-step,
unterschiedliche Punktewertung für
bestimmte Techniken (Fangen, Passen,
Tore erzielen von verschiedenen Positionen)
Nichtanwendung bestimmter Regeln
Nichtanwendung bestimmter Techniken
Verschärfung/Lockerung von Regeln
Spielen mit der schwächeren/stärkeren Hand

Abb. 7

3.2 Die Kombination der Variablen (Spielerzahl, Regelwerk, Spielbälle, Spielfeld)

Das Handballspielen wird auf elementare, repräsentative Grundsituationen reduziert, wobei die Spielidee und die Spielstruktur durchgehend beibehalten werden.

Das Gesamtspiel wird in seiner komplexen Erscheinungsform vereinfacht, ohne dass der eigentliche Kern des Zielspiels aufgegeben wird.

Durch die Veränderung der 4 magischen Rauten werden für die Lernenden überschaubare und damit selbständig lösbare Spielsituationen geschaffen.

Die Variablen der Spielorganisation werden als methodische Mittel der Lernerleichterung eingesetzt. "Magisch" soll aussagen, daß alle 4 Variablen sich gegenseitig beeinflussen.

Der Spielgedanke im Handball – Tore erzielen und Tore verhindern – ist in allen Spielformen durchgängig vorhanden.

Die Spielaufgaben stellen vereinfachte Lernsituationen dar, in denen technisch- taktische und soziale Lernziele gleichzeitig angestrebt werden.

Beachte: Das Wichtigste muss bei der Kombination der Variablen herausgestellt werden; auf unbedeutende und verwirrende Erklärungen wird verzichtet! (vgl. Praxis)

Das Erlebnis des Spielens
ist das Wichtigste!

Üben technischer Elemente hat nur Ergänzungsfunktion, falls die Möglichkeiten der Spielreihe erschöpft sind. Die Übungsmotivation ergibt sich aus dem Spielerlebnis (Erleben von Defiziten).

Die Variabilität ist auf allen Lern- und Leistungsstufen anwendbar!

3.3 Praktische Erfahrungen

Die Spielschule Handball wurde seit Jahren in allen Alters- und Leistungsstufen erprobt.

Durch viele Erfahrungen und Anregungen von Kollegen wurde sie weiterentwickelt.

Bei allen Aussprachen und Fachdiskussionen kam immer wieder die Frage auf: darf man in dieser "Spielschule" wirklich nur spielen?

Ja,

wenn der Spielgedanke und die Schulung der Spielfähigkeit im Vordergrund stehen sollen!

Spielen lernt man nur im Spiel!

Pädagogische Beobachtungen sowie die Lehrplanvorgaben aller Bundesländer sprechen für diesen methodischen Einstieg beim Spielen mit Hand und Ball.

Die Kinder werden behutsam an den Übergang vom Spiel in außerschulischen Gruppen an das Spielen in der Schule gewöhnt. Ihre Spiel- und Bewegungserfahrungen werden aufgenommen und erweitert. Einfache Spielgedanken werden erfasst und die natürliche Freude am Spielen mit Hand und Ball wird gefördert.

Übungen hinsichtlich technischer Fertigkeiten, wie Ballgewöhnung und Technikvariation, sollten im Aufwärmteil plaziert sein und nicht den Hauptteil der Stunde ausmachen. Üblicherweise wird (doch nur) zum Schluss einer Sportstunde gespielt. Das ist sicherlich zu wenig.

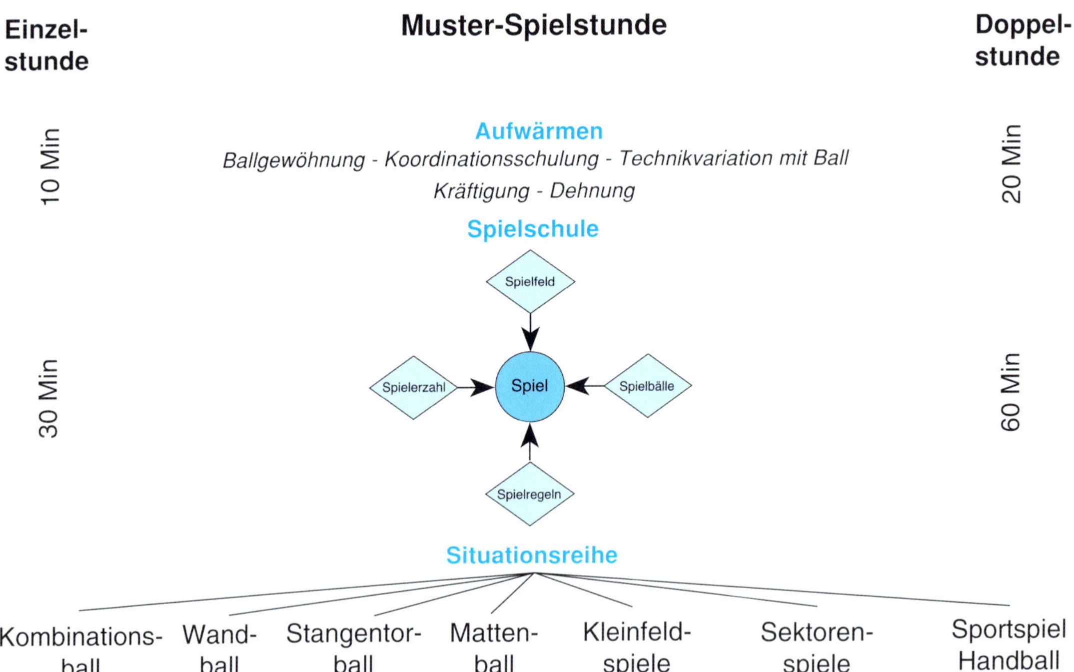

Abb. 8: Aufbau einer Spielstunde

Die Übergänge von Spielsituation zu Spielsituation sind fließend und abhängig vom Spielvermögen der Schüler.

4 Vom Basisspiel zum Sportspiel

4.1 Spielen lernen durch das Spiel

Die ausgewählten Spielformen sind in sich so aufgebaut, dass sie beliebig erleichtert oder erschwert werden können.

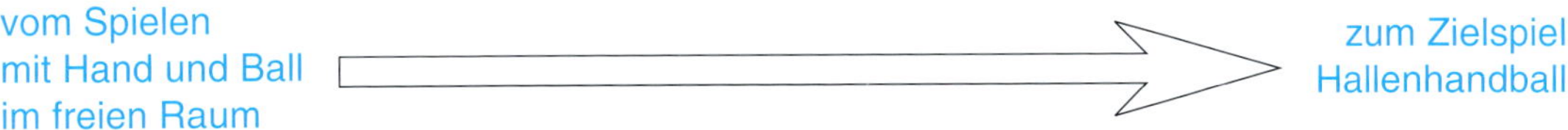

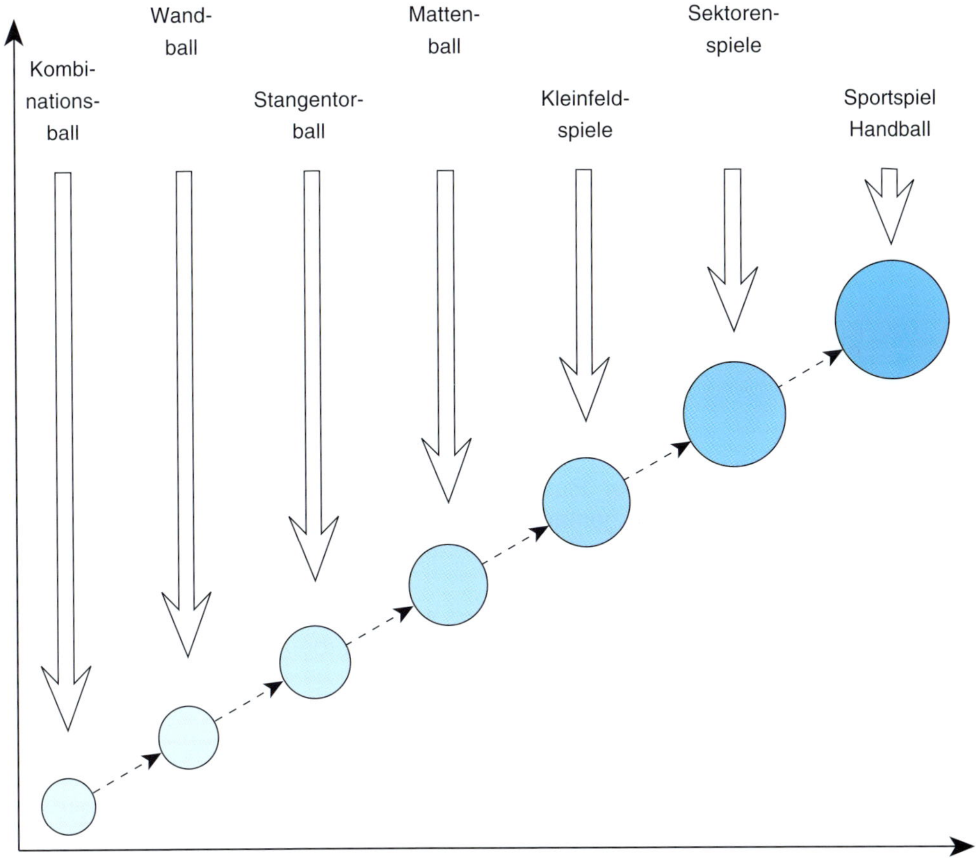

Kombinationsball – Wandball – Stangentorball – Mattenball – Kleinfeldspiele – Sektorenspiele – Sportspiel Handball

Abb. 9: Spielend Handball lernen

4.2 Kombinationsball

Empfehlungen im methodischen Vorgehen

Kombinationsball ist ein zentrales Spiel innerhalb der Spielreihe. Es empfiehlt sich, mit wenigen, sehr einfachen Regeln zu beginnen. Mehrere Regeln am Anfang verwirren und überfordern die Schüler. Über eine allmähliche Regelerweiterung soll das Spiel komplexer werden.
In jede neue Spielform wird eine neue Regel eingebaut, das Spielfeld oder die Spielerzahl verändert.
Nach der kurzen Regelvorgabe und dem Spielablauf ist meistens eine Gesprächsphase mit den Schülern erforderlich.

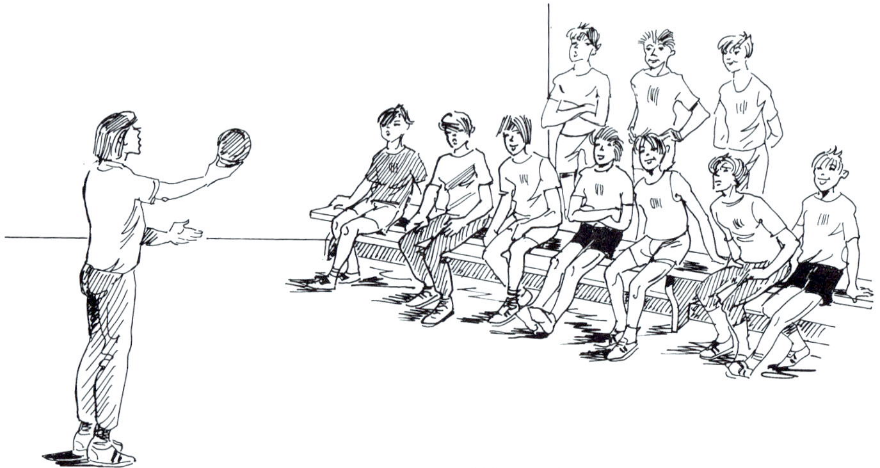

Abb. 10: Klassensituation

Die Schüler "sprudeln" oft bei der Rückmeldung, ob ihnen das Spiel Spaß gemacht hat, was "gut" und was "schlecht" im Spiel war.

Durch die gemeinsame Besprechung werden Sinn und Zweck von Regeln und Spiel bewusst gemacht. Die notwendigen Regeln werden gemeinsam gefunden und vereinbart.

Kombinationsball und alle folgenden Spielformen sollen durch die Spielgestaltung, vor allem durch Regeländerungen, ermöglichen, dass:

- Schüler mit unterschiedlicher Körpergröße und Leistungsfähigkeit gleichberechtigt am Spiel teilnehmen;
- wettkampf- und mannschaftsorientiert gespielt werden kann;
- die Spielsituationen leichter zu erfassen und damit lösbar sind;
- Spielerballungen vermieden werden;
- körperkontaktarm – FAIR PLAY – gespielt wird.

Situationsreihe Kombinationsball

- Einstieg -

Zwei Mannschaften (beliebige Spielerzahl) spielen gegeneinander:

- Eine festzulegende Anzahl von Pässen innerhalb der eigenen Mannschaft ergibt ein Tor (z.B. 5 Pässe = Tor; 10 Pässe = Tor) (Abb. 11).

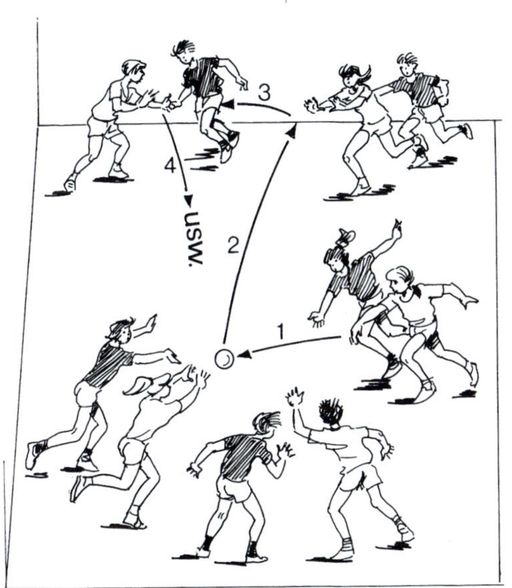

Abb. 11

Was mache ich

bei Spielerballungen und großen Leistungsunterschieden?

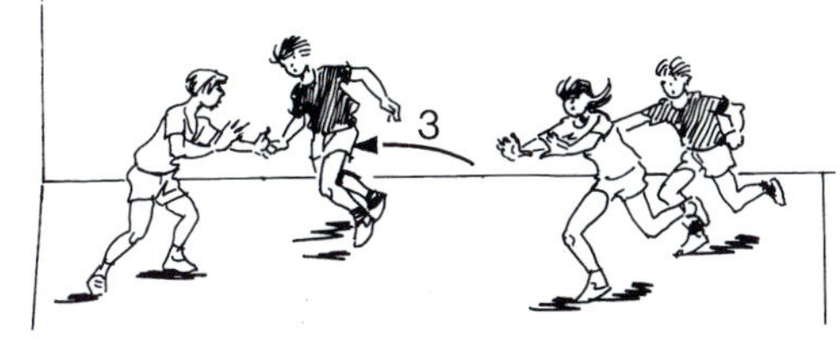

Abb. 12

- Mannschaften verkleinern
- auf 2 Spielfeldern spielen
- gleichstarke, leistungshomogene Mannschaften spielen gegeneinander

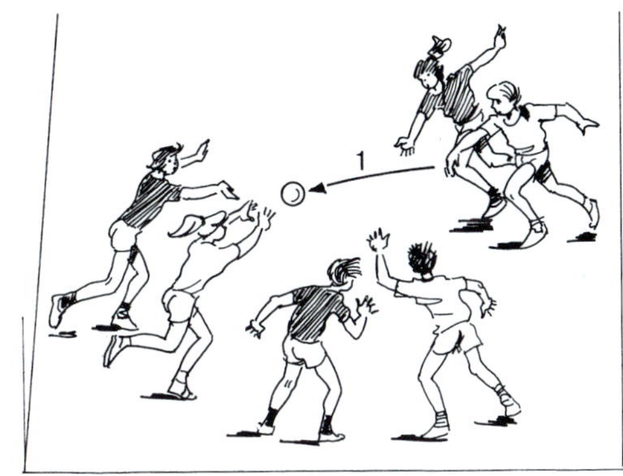

Abb. 13

Was mache ich

bei vielen Fangfehlern und/oder vielen Fehlpässen ("Bogenlampen")?

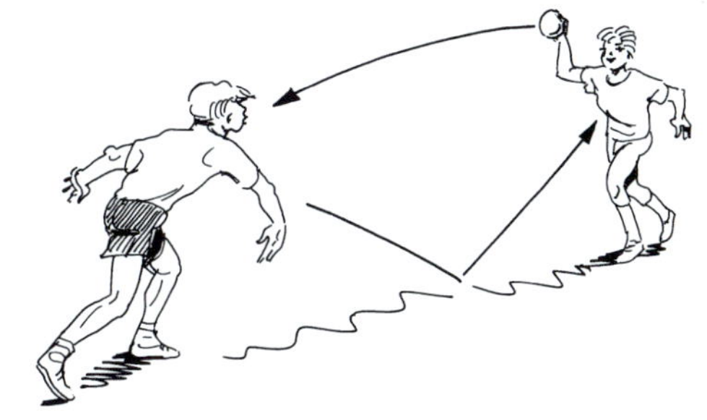

Abb.14

- Bodenpässe zählen doppelt, direkte Pässe zählen einfach.

4.3 Wandball

Zwei Mannschaften spielen gegeneinander. Ein Tor ist erzielt, wenn es der angreifenden Mannschaft gelingt, ein Aufsetzertor (Boden-Wand-Boden) an der gegnerischen Wand zu erzielen. Die gesamte Wandbreite gilt als Tor.

Beachte:

- Größe des Wandtores der Leistungsstärke der Spieler anpassen
- Laufen mit dem Ball verboten
- 3-Schritt-Regel erlaubt
- Prellen verboten
- Torwurf ist aus jeder Entfernung erlaubt
- „Dreher" als Aufsetzer zählt doppelt (Technikvariation)
- Wurfvarianten können mit hoher Wiederholungszahl spielerisch erprobt werden

Der Torwurf ist abgewehrt, wenn ein Abwehrspieler der gegnerischen Mannschaft den von der Wand zurückprallenden Aufsetzer-Ball fängt.

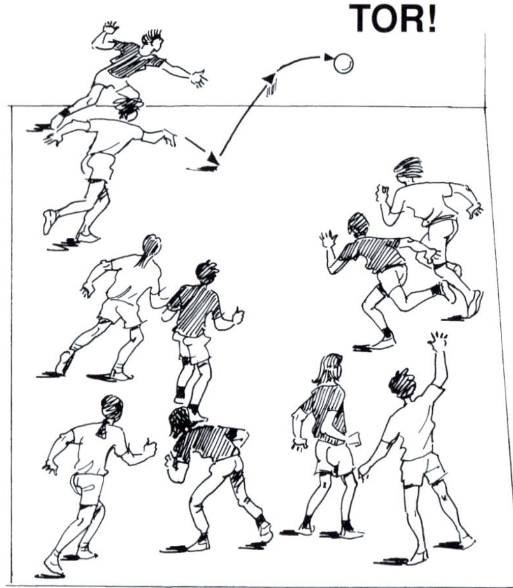

Abb. 15

Zusätzliche Regelvariation:
Verteidigt eine Mannschaft defensiv, sollten zusätzlich Kombinationspunkte eingeführt werden (vgl. Kombinationsball mit Wandtor).

Zur Schulung des technisch-taktischen Abwehrverhaltens Berührregel einführen: Gelingt es einem Abwehrspieler, den Ballbesitzer beidhändig zu berühren, gilt dies als erfolgreiche Abwehr und führt zum Ballverlust der angreifenden Mannschaft. Die Berührregel ist nur dann erfolgreich, wenn die abwehrspezifische Bedingung erfüllt ist:

„Körper zwischen Gegner und Tor".

Beachte:
Der Gegner darf nur **berührt** werden! Die Arme sind "Distanzhalter", daher Armlängendistanz.
Übertriebener Körpereinsatz oder Stoßen wird als Punkt bzw. Tor für den Gegner gewertet.

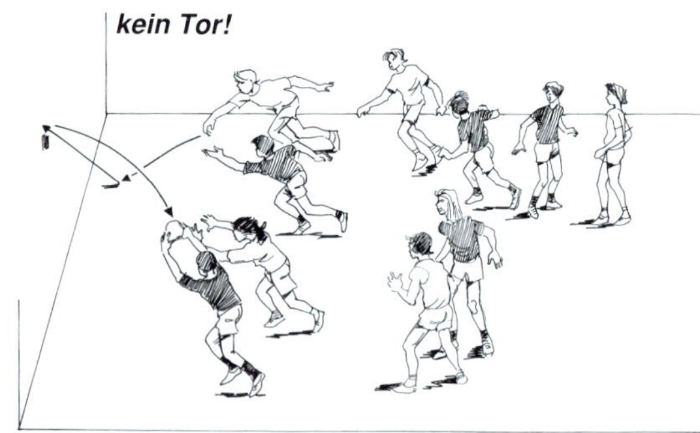

Abb. 16

Kombinationsball mit Wandtor

Zwei Mannschaften (beliebige Spielerzahl) spielen gegeneinander. Eine festzulegende Anzahl von Pässen innerhalb der eigenen Mannschaft ergibt ein Tor (z.B.: 5 Pässe = Tor; 10 Pässe = Tor). (Abb. 17)

Steigerung:
- 10 Kombinationspässe = Tor
- "Doppelaufsetzer" (Boden-Wand-Boden) = Tor
- berührt ein Abwehrspieler den von der Wand zurückprallenden Ball = kein Tor

Steigerung:
- fängt ein Abwehrspieler den von der Wand zurückprallenden Ball = kein Tor (Abb. 16)

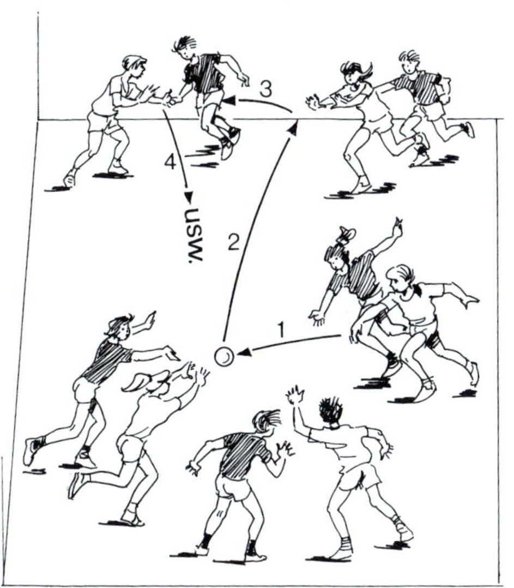

Abb. 17

Kombinationspunkte zählen erst ab der Angriffslinie (zwecks geordnetem Spielaufbau). (Abb. 18)

Fernwürfe zählen erst ab der Angriffslinie.

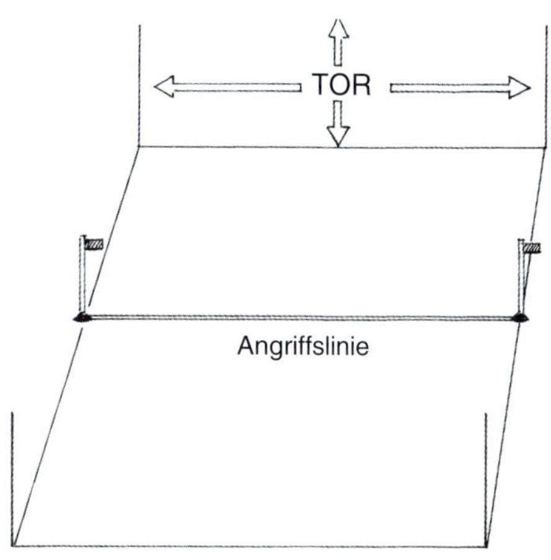

Abb. 18

Beachte: Angriffslinie je nach Leistungsstand und - fortschritt verschieben. (Abb. 19)

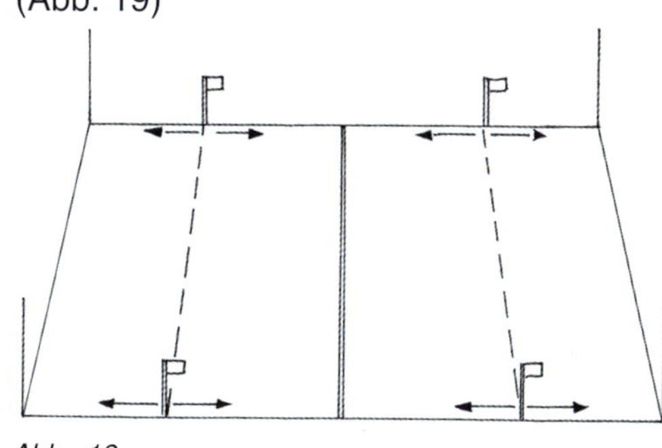

Abb. 19

Hinweis:
Die Schüler versuchen sehr schnell, den von der Wand zurückprallenden Ball zu schützen, indem sie dem Gegenspieler den Weg zum Ball versperren (= spielerische Einführung der Sperre). Dadurch kann der Ball vom Gegenspieler nicht gefangen werden und somit auf den Boden fallen.

4.3 Wandball

Der sperrende Spieler sollte die Arme anspielbereit erhoben halten. (Abb. 20)

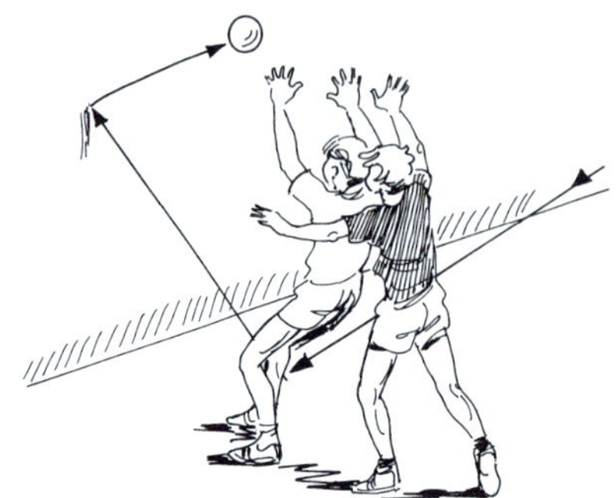

Abb. 20

Regelanmerkung:
Es ist erlaubt (Regel 8:3), den Gegner mit dem Körper zu sperren, auch wenn er nicht in Ballbesitz ist.
Es ist nicht erlaubt (Regel 8:4), den Gegner mit Armen, Händen oder Beinen zu sperren oder zu behindern. (Vgl. Regeldarstellung im Anhang).

Steigerung:
Wir spielen 1:1 ... 2:2 ... 3:3...,
ein Treffer ist erzielt durch einen Wurf:
Boden-Wand-Boden.
Prellen ist erlaubt; wird der Ball mit beiden Händen aufgenommen, muß geworfen werden, sonst ist es ein Schrittfehler.
(Regelgerechtes Zweikampfverhalten, Antizipieren, Dribbling, Arm- und Beinarbeit) (Abb. 21)

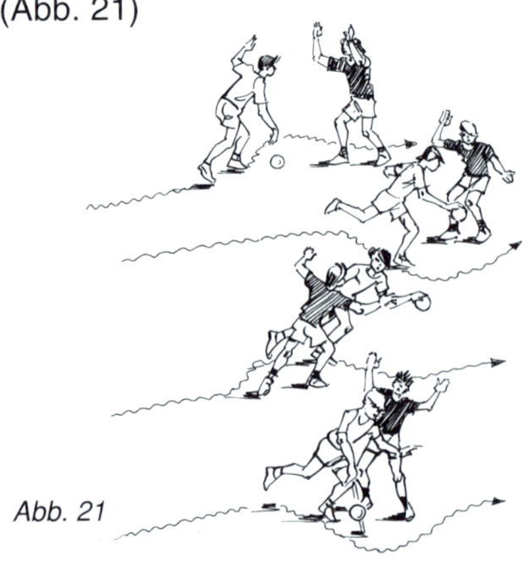

Abb. 21

Wichtig: Es kommt nicht in erster Linie auf das Dribbling an, sondern auf:

- das Schützen des Balles
- das taktische Zurückziehen des Abwehrspielers, (Abb. 22)

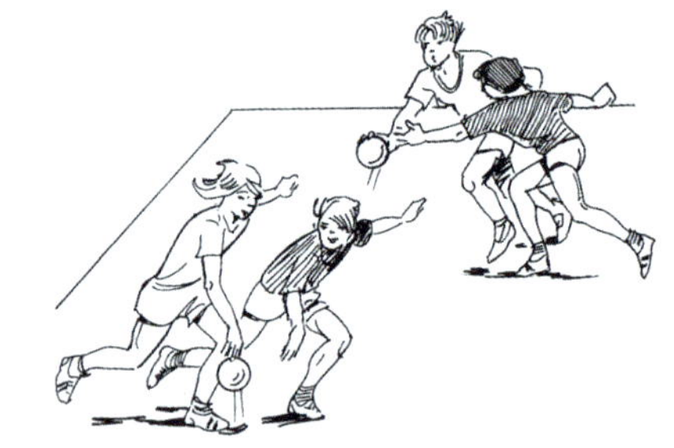

Abb. 22

- die Bereitschaftsstellung,
- Arm- und Beinarbeit (Abb. 23 u. Abb. 24)

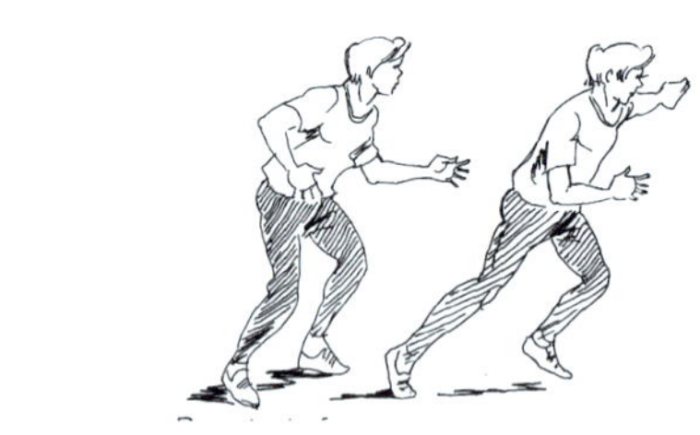

Abb. 23

Bereitschaftsstellung ohne Ball

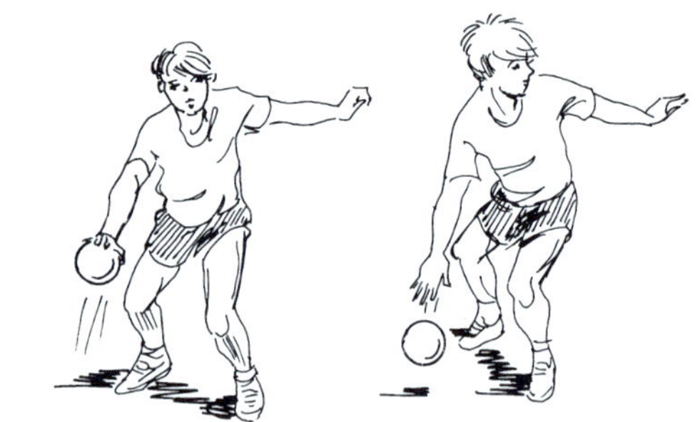

Abb. 24

Bereitschaftsstellung mit Ball

- das offensive Heraustreten (Armlängenabstand zum Angreifer). (Abb. 25)

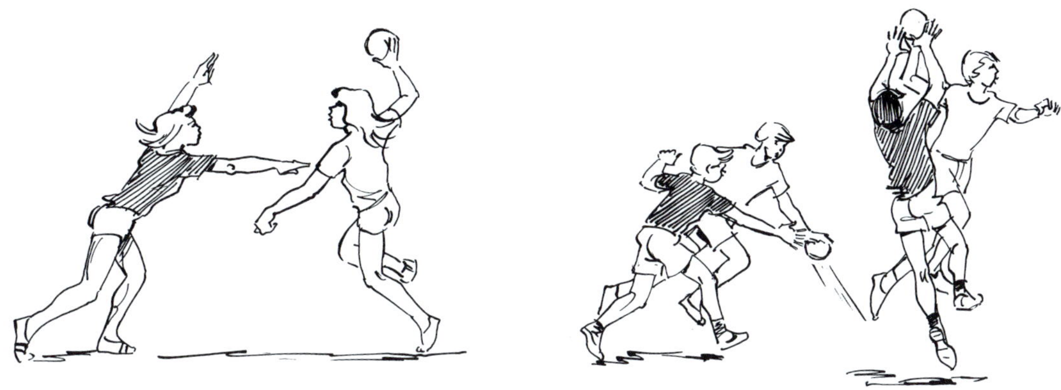

Abb. 25

- das Zurückfallenlassen in den "freien Raum", um einerseits die Wurfmöglichkeiten des Gegenspielers zu verschlechtern und andererseits den Rückpraller von der Wand zu fangen. (Abb. 26)

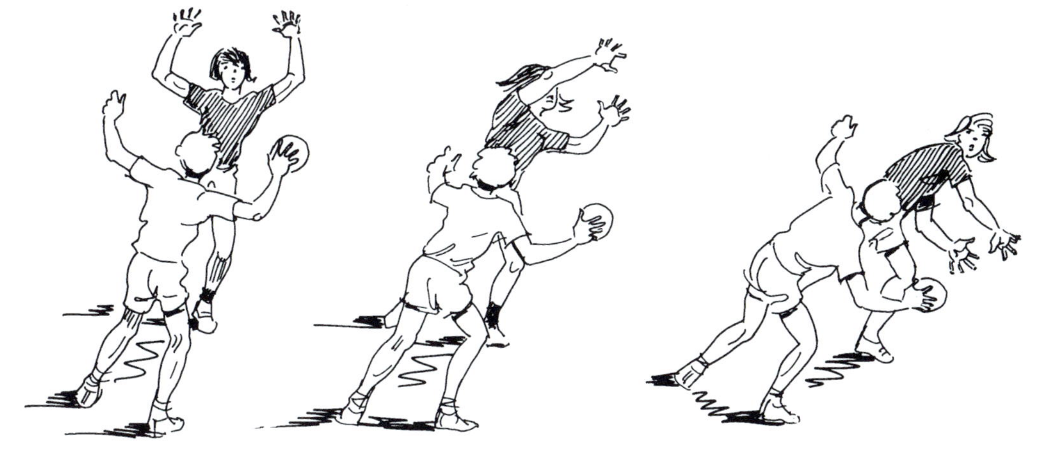

Abb. 26

Beachte:

Gegenspieler nach kurzer Zeit wechseln (die Schüler wählen den Gegenspieler selbst).

4.3 Wandball

Zusammenfassung:

Was soll durch die Variablen der Spielorganisation erreicht werden ?

Halle,
kleinere Spielfelder,
Handballkreis,
Wandtor,
Mittellinie,
Angriffslinie,
Torersatz,..

beliebig variabel:
1:1, 2:2; 3:3; 4:4; ...
Überzahl/Unterzahl:
3:2; 4:3; ... 9:8;...

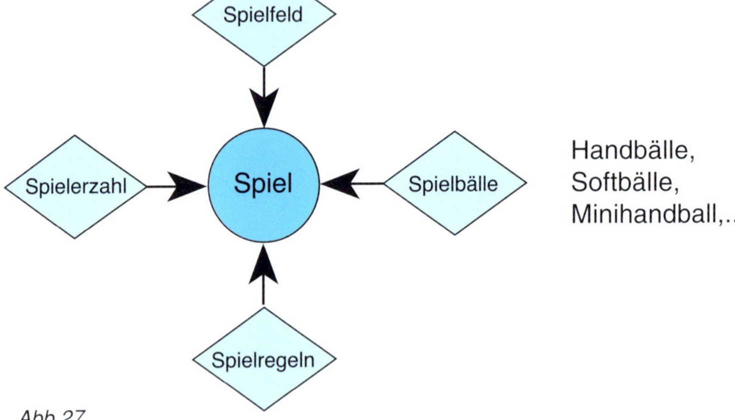

Handbälle,
Softbälle,
Minihandball,..

Abb.27

Was erreicht werden soll

FAIR PLAY- körperloses Spiel

Umsetzung einfacher Basisregeln

Regel-Varationen

Nicht erlaubt:

- Stoßen
- Schlagen
- Festhalten
- Klammern

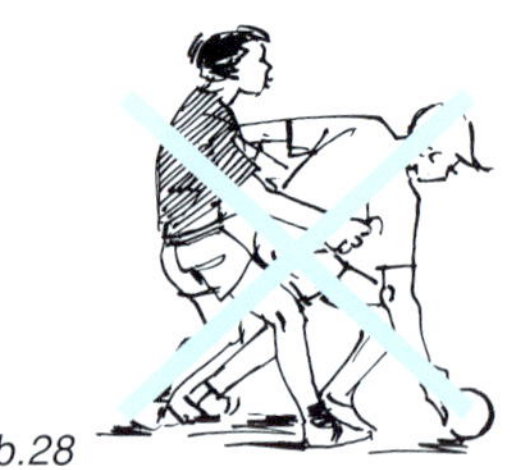

Abb.28

4.3 Wandball

Was erreicht werden soll

Passen, Fangen, "weiche Ballannahme" (Abb. 29 und 30);

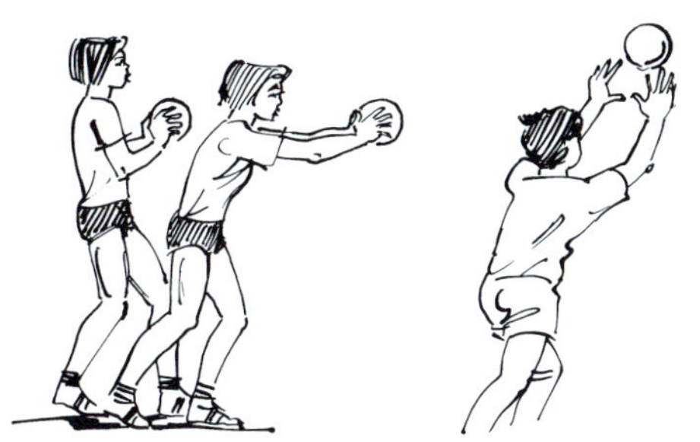

Abb. 29

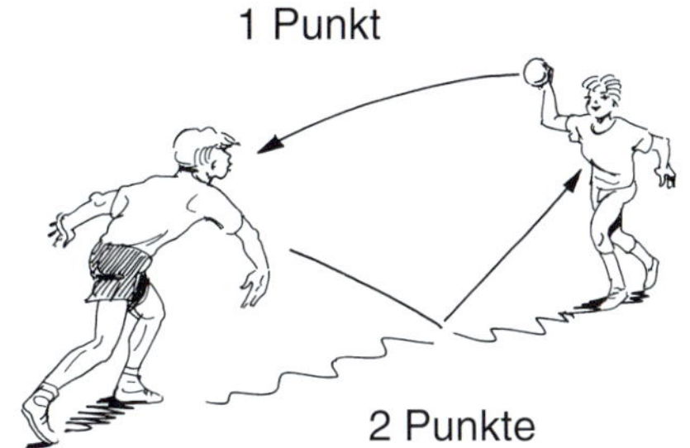

Abb. 30

Anbieten - Freilaufen;
Förderung des Zusammenspiels;
Integration der Leistungsschwächeren in das Spielgeschehen;
Förderung des Zusammenspiels von Jungen und Mädchen;

Werfen soll aus jeder Position für jeden Schüler möglich sein; (Abb. 31)

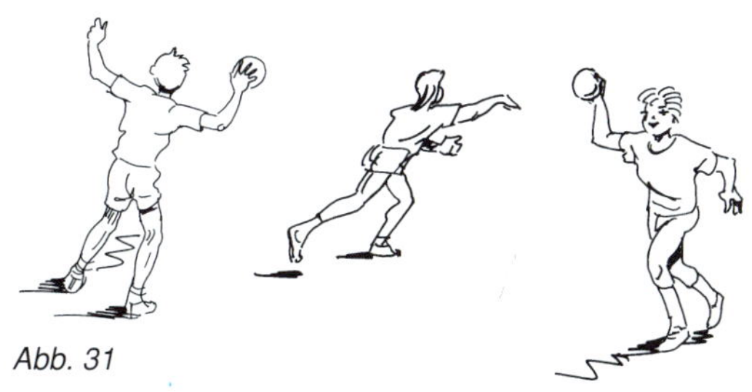

Abb. 31

Regel-Varationen

- Passen - ohne Prellen
- 3-Schritt-Regel: mit dem gehaltenen Ball höchstens drei Schritte.
  (vgl. Technikvariation)

- direkte Pässe = 1 Punkt
- indirekte Pässe = 2 Punkte

Anmerkung:
Der indirekte und damit aufsteigende Ball kann leichter angenommen und gesichert werden.

- kein Laufen mit dem Ball,
- erreichte Anzahl der Pässe bleibt bei Ballverlust erhalten oder Zählweise beginnt bei Null,
- Passfolge ununterbrochen,
- Passen ohne Rückpass: Ein anderer Spieler - nicht der Passgeber - muß angespielt werden,

- Aufsetzertreffer an die Wand = Tor,

- Aufsetzertreffer muss wieder zu Boden fallen = Tor (Boden-Wand-Boden),

4.3 Wandball

Was erreicht werden soll

Vermittlung technisch-taktischen Grundverhaltens in Angriff und Abwehr; (Abb. 32)

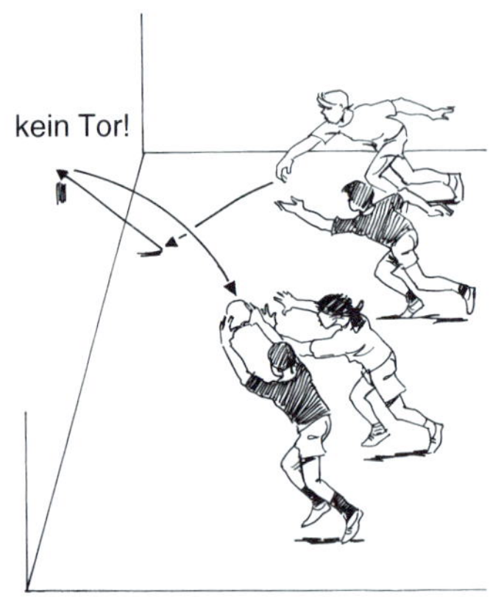

Abb. 32

Komplexe Entwicklung koordinativer Fähigkeiten;

Technik-Variation, Rhythmus-, Orientierungsfähigkeit, Beweglichkeit, Antizipations- und Reaktionsfähigkeit.

Regel-Varationen

- den von der Wand zurückprallenden Ball erobern,

- Schützen des eigenen Aufsetzerballes, damit der Gegner den zurückprallenden Ball nicht fangen kann,

- Fortbewegung im Spiel: laufen, hüpfen einbeinig, beidbeinig, side-step ...
- Pass durch die Beine des Gegners (vom Mitspieler gefangen) = 3 Punkte.

Wandball auf 1 Tor in Überzahl oder Gleichzahl

Überzahlspiele haben sich auch beim Wandballspiel methodisch besonders bewährt. Die Schüler wählen nach eigener Einschätzung die Größe des Wandtores selbstständig so, dass
- das Spiel gelingt
- das Spiel Spaß macht
- alle ins Spiel einbezogen sind.

Regelvariation:

Ständiger Wechsel zwischen Angreifer und Abwehrspieler nach einem Fehlwurf des Angreifers bzw. nach einem erfolgreich gefangenen Rückpraller von der Wand durch den Abwehrspieler.

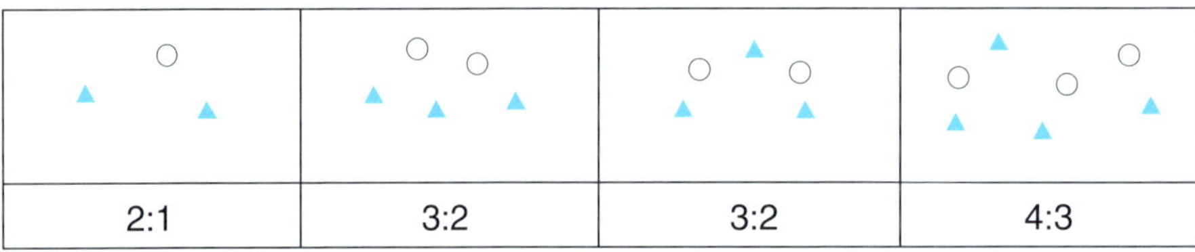

Die Spieler wählen die Größe des Wandtores selbstständig (vgl. S. 18/19).

4.4 Stangentorball

Stangentorball empfiehlt sich, wenn in der Halle keine entsprechenden Wandbegrenzungen vorhanden sind.

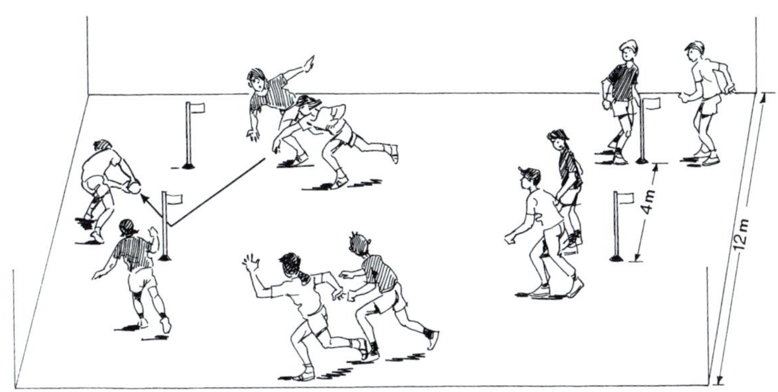

Abb. 33

Situationsreihe - Stangentorball

Zwei Mannschaften spielen gegeneinander auf 2 Stangentore. Es darf um das Stangentor herumgespielt werden; Tore sind von vorne und von hinten erzielbar. Ein Treffer ist dann erzielt, wenn ein Mitspieler der eigenen Mannschaft den Bodenpass durch das Stangentor fangen kann. (Abb.33)

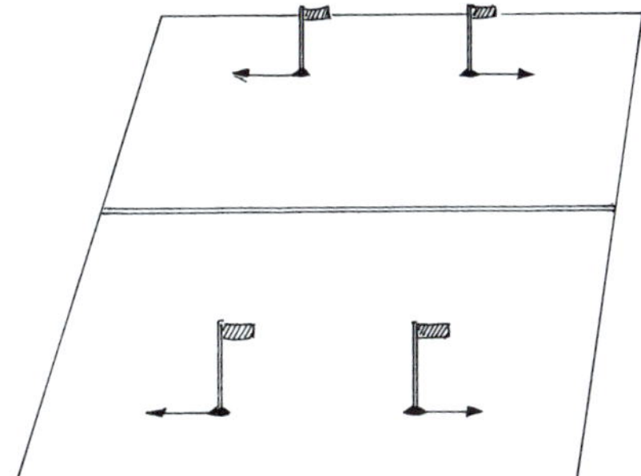

Abb. 34

Beachte:
Die Breite des Stangentores entscheidet über die Schwierigkeit der Spielaufgabe. (Abb. 34)

Bei Spielerballungen:
- Tor verbreitern
- Kombinationspunkte einführen.

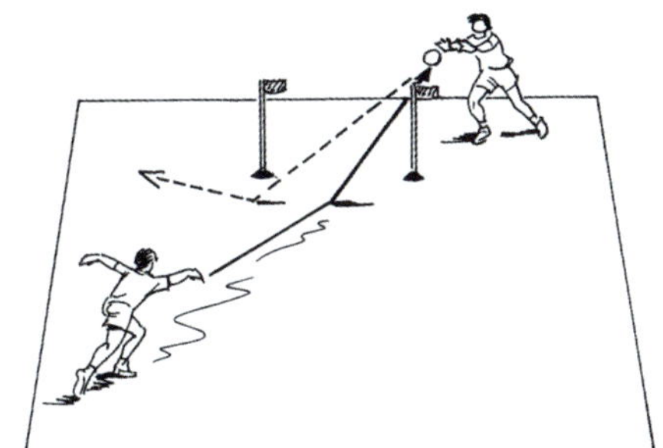

Abb. 35

Steigerung:
Der Bodenpass durch das Stangentor muss nicht nur gefangen, sondern als Aufsetzer durch das Tor zurückgeworfen werden. Dieser muss nicht gefangen werden. (Abb. 35)

4.4 Stangentorball

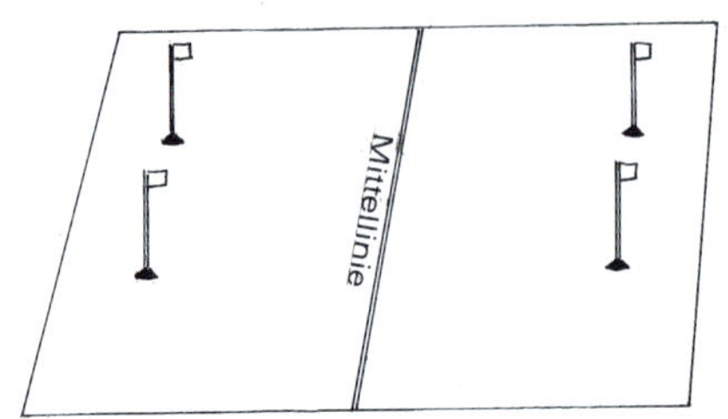

Abb. 36

Veränderungen:
- Kombinationspunkte nur ab der Mittellinie
- Fortbewegung nur side-step

(Abb. 36)

Mannschaftsspiel:

3:3, 4:4, 5:5,...

Erweiterung:
2 Mannschaften spielen gegeneinander auf 2 Stangentore an der Wand.

Werfen ist nur außerhalb der Angriffslinie erlaubt. (Abb. 37)

Bei Spielerballungen:
Kombinationspunkte zwischen Mittellinie und Angriffslinie

Beachte:
Torgröße und Angriffslinie dem Könnensstand der Schüler anpassen!

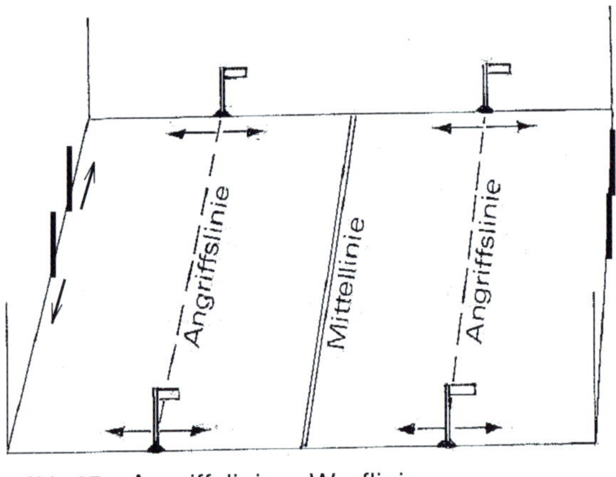

Abb. 37 Angriffslinie = Wurflinie

Variationen:
Der Torwart "geht mit". (Abb. 38)

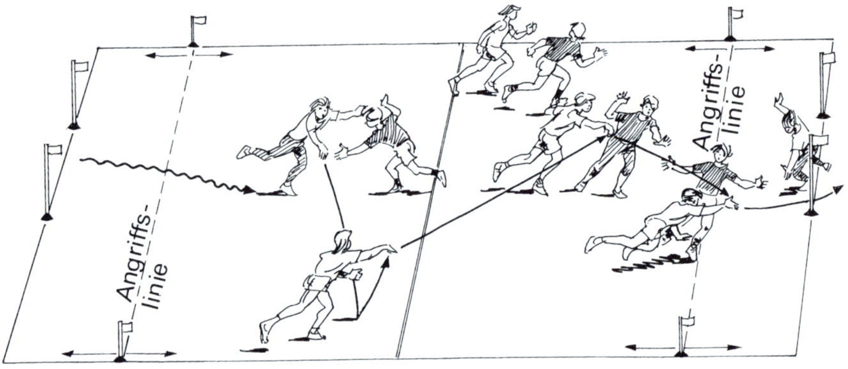

Abb. 38

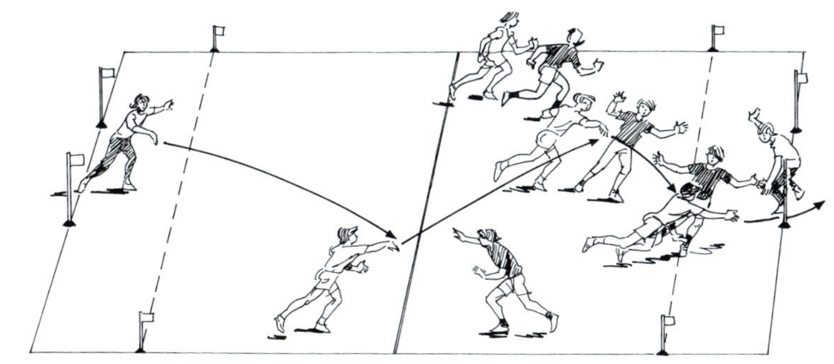

Abb. 39 (Angriffslinie)

Der Torwart bleibt als "fester" Torwart.
(Abb. 39)

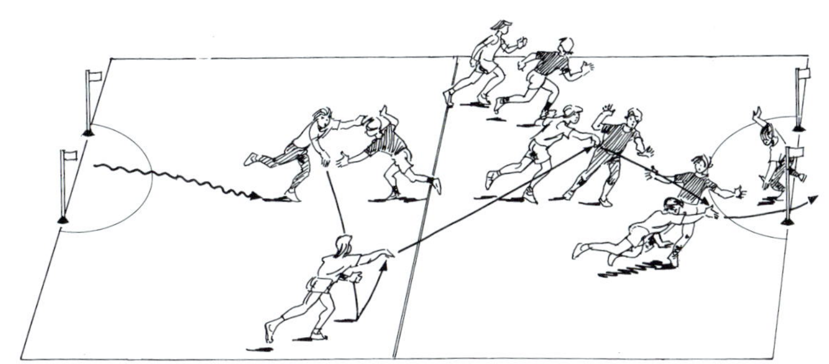

Abb. 40 (Wurfkreis)

Der Torwart "geht mit".
(Abb. 40)

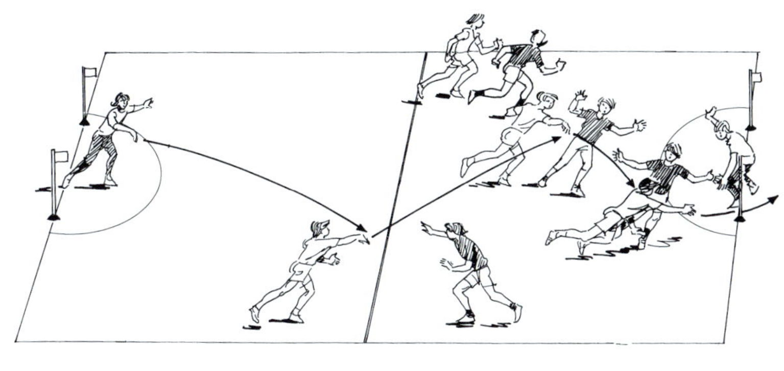

Abb.41

Der Torwart bleibt als "fester" Torwart.
(Abb. 41)

Der Wurfkreis ist leicht mit Klebeband zu markieren oder durch "Reivo"- Bodenmarkierungen zu kennzeichnen.

Mannschaftsspiel:

3:3, 4:4, 5:5,...

4.4 Stangentorball

Beachte:

Bei "fliegendem" Torwart wird der Torwart bei Ballbesitz zum Feldspieler: Überzahlangriff!

Bei Ballverlust muss ein anderer Spieler ins Tor. Torwurf ist erst ab der Mittellinie erlaubt.

Torgröße und Kreisentfernung müssen dem Könnensstand angepasst werden.

Überzahl im Angriff hat sich methodisch besonders bewährt.

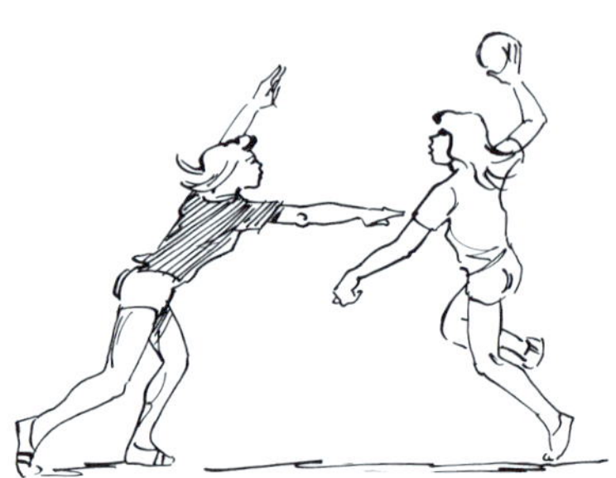

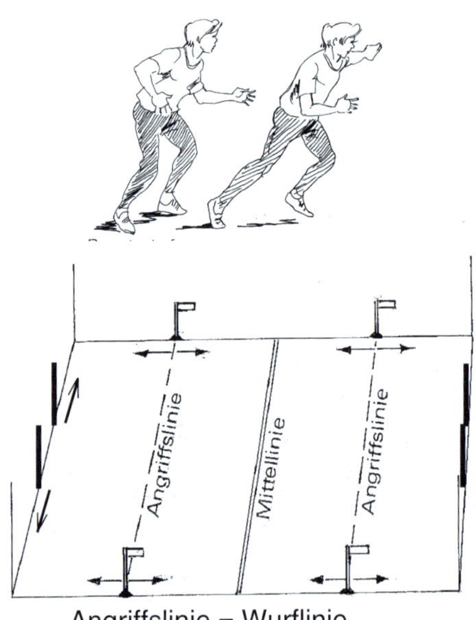

Angriffslinie = Wurflinie

Spielen mit einem neutralen Spieler dagegen ist für die Schüler eine künstliche Situation und daher keine Alternative zum Spielen in Überzahl.
Die vermeintlich methodische Erleichterung ist in Wirklichkeit eine Erschwerung.
Der neutrale Spieler ist kein gleichwertiger Angreifer und muss daher nicht angegriffen werden. Die direkte Gleichzahl bleibt erhalten.
Zudem muss der "Neutrale" einer der Besten sein: Passgenauigkeit und Timing sind eine Grundvoraussetzung.

Variation:
Gelingt es einem Abwehrspieler, den Ballbesitzer zu berühren ("Ablöschen"), wechselt der Ballbesitz zur gegnerischen Mannschaft.
Variation: **beidhändig**
Beidhändiges Ablöschen betont die Bereitschaftsstellung.

Beachte: "Ablöschen" schult
- Bereitschaftsstellung in der Abwehr
- Körper zwischen Gegner und Tor
- offensives agierendes Abwehrverhalten
- Armlängendistanz zum gegnerischen Angreifer

Empfehlung:
Stoßen und unfairer Körpereinsatz ist Foul! Foul wird nicht als Foul geahndet, sondern zählt als Tor für den Gegner.

Variation:
Tore werden erzielt durch zwei Möglichkeiten:
- beidhändiges Ablegen des Balles hinter der Angriffslinie = 1 Punkt
- Torerfolg im Stangentor (Wandtor, Mattentor, Handballtor ... usw.) = 2 Punkte

Wurfentfernung beliebig.

Variation:
Torwurf nur außerhalb der Angriffslinie erlaubt.

4.5 Mattenball

Bei dieser Spielform sind alle Elemente aus der Situationsreihe Kombinationsball übertragbar.

Spielform

Situationsreihe - Mattenball

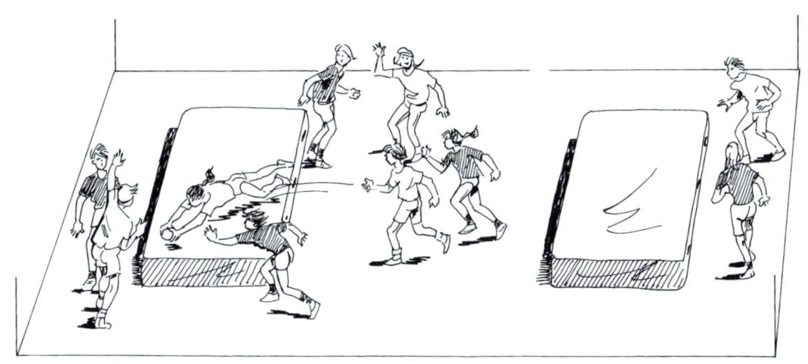

Abb. 42

Zwei Mannschaften spielen gegeneinander und versuchen, den Ball auf der gegnerischen Weichbodenmatte beidhändig in Bauchlage abzulegen. (Abb. 42)

Auf korrekte Ausführung achten!

Berührt ein Abwehrspieler die eigene Matte, wird dies als Punkt für den Gegner gewertet. "Abwehr im Kreis" (Berühren oder Überqueren der Matte) muss streng geahndet werden. Die Verletzungsgefahr durch Zusammenprall oder durch überzogen riskanten Körpereinsatz ist dadurch minimiert.

Beachte:
Bei Spielerballungen Kombinationspunkte einführen: – im ganzen Feld

Steigerung:
– ab der Mittellinie (Abb. 43)

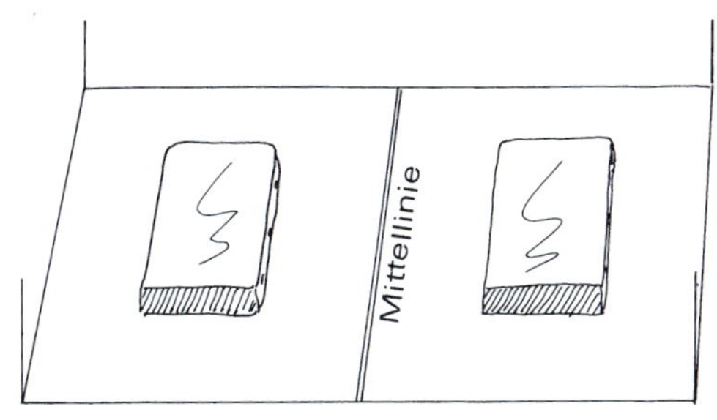

Abb. 43

Mattenball wird zusätzlich mit Wandtor gespielt:

- Kombinationspässe ab der Mittellinie = 1 Punkt
- beidhändiger Fallwurf (in Bauchlage) = 2 Punkte
- Fallwurf auf die Weichbodenmatte mit einhändigem Aufsetzer-Wurf an die Wand = 3 Punkte (der Ball muss Boden-Wand-Boden berühren. (Abb. 44)

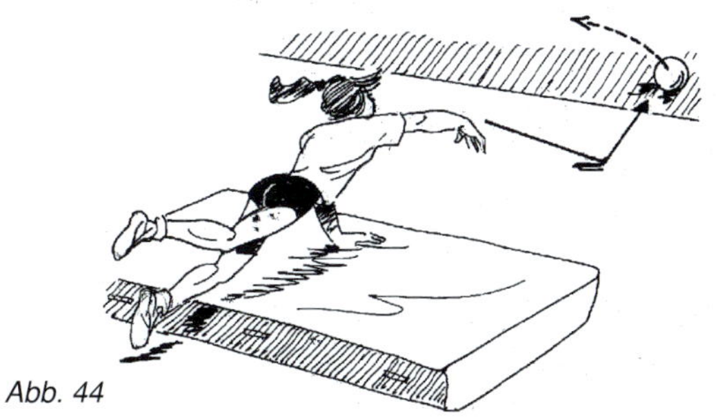

Abb. 44

4.5 Mattenball

Der Werfer muss sich im Fallen entscheiden:

- "beidhändiger" Fallwurf auf die Weichbodenmatte = 2 Punkte;
- einhändiger Aufsetzer an die Wand = 3 Punkte;

Gelingt es der abwehrenden Mannschaft, den Abpraller von der Wand zu fangen = kein Punkt!

Anmerkung:
Auf angemessenen Abstand der Weichbodenmatte von der Wand ist zu achten.

Erweiterung:
Handball auf Weichbodenmatten als Tore

2 Mannschaften spielen gegeneinander.
Ein Tor wird erzielt, indem der Ball beidhändig auf die stehende Weichbodenmatte gedrückt wird. (Abb.45)

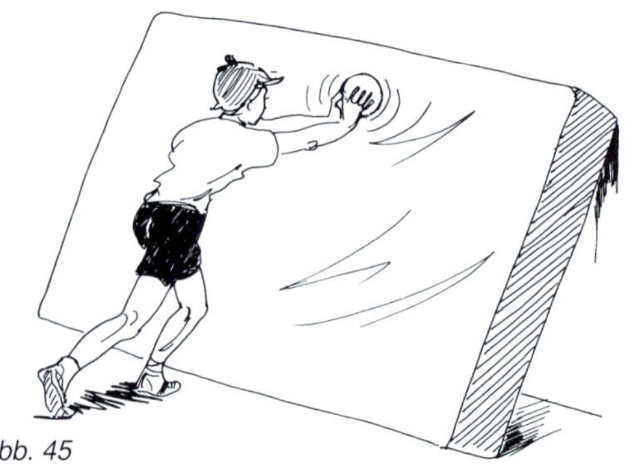

Abb. 45

- Prellen ist verboten
- max. 3 Schritte mit dem Ball
- bei Spielerballung vor der Matte: Kombinationspunkte ab der Mittellinie

Beachte:
Bleiben Schüler im Angriff stehen ("Abstauber"), ist die eigene Mannschaft in der Abwehr in Unterzahl.
Die angreifende Mannschaft erzielt dadurch leicht Tore durch Kombinationspässe.

Variation:
Zwei Mannschaften spielen gegeneinander. Ein Wurf auf das Tor (Weichbodenmatte) als Aufsetzer ist aus jeder Entfernung erlaubt. (Abb. 46)

- bei Spielerballungen: Kombinationspunkte ab der Mittellinie.

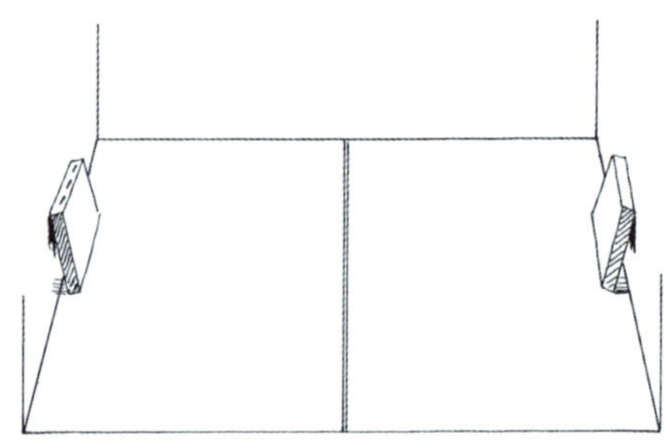

Abb. 46

Anmerkung:

Aufsetzertore bevorzugen;
Vorteile: Ein Angstverhalten der Schüler wegen gefährlicher Bälle kommt nicht auf. Die Schüler werden ohne Erklärung zu einer gezielten und kontrollierten Wurfarmführung angehalten:

- Hand liegt hinter dem Ball
- Wurfarm wird gestreckt und kraftvoll nach vorne geführt. (Abb. 47)

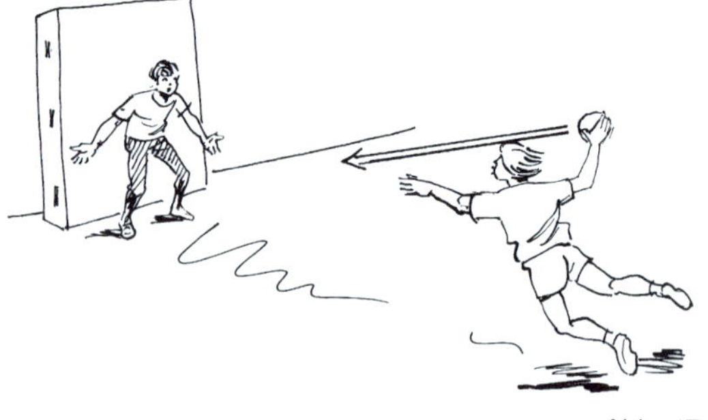

Abb. 47

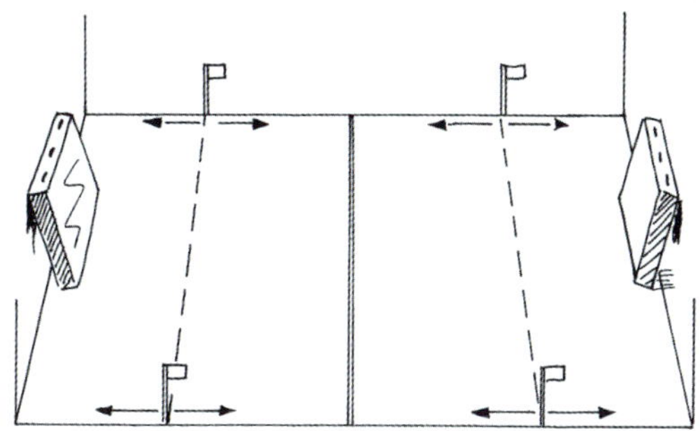

Torwurf ab der Angriffslinie

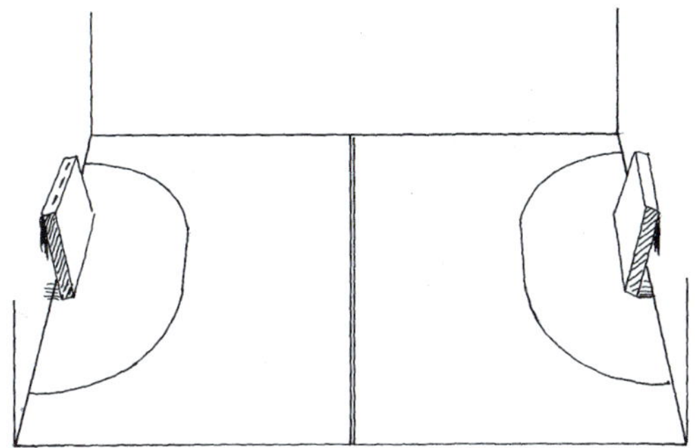

Torwurf außerhalb des Handballkreises

Abb. 48

Beachte:

Die Angriffslinie bzw. der Wurfkreis müssen der Wurfkraft der Schüler angepasst werden (der Wurfkreis kann mit einem Klebeband leicht gezogen werden). (Abb. 48)

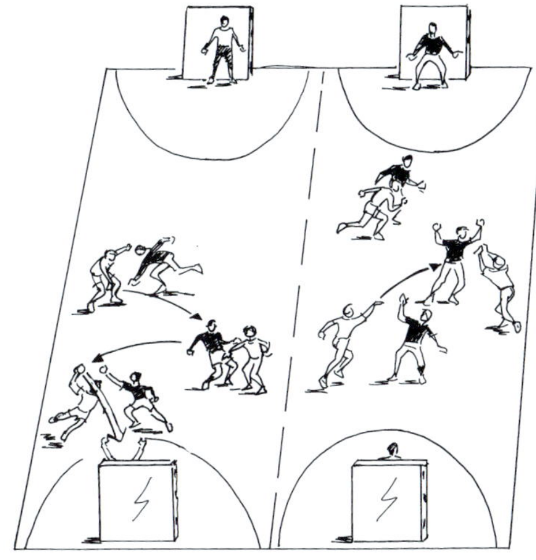

Abb. 49

Differenzierung:

Auf mehreren kleinen Spielfeldern kann dem Könnensstand der Schüler entsprechend mit unterschiedlichen Regeln gleichzeitig gespielt werden. (Abb. 49)

Organisationsmöglichkeiten:

- mit "festem" Torwart
- "der Torwart geht mit"
- der Torwart muss nach jedem Angriff gewechselt werden
- "der letzte Mann ist Torwart"
- Torschütze wechselt ins Tor

4.6 Kleinfeldspiele

Alle angestellten Überlegungen zur didaktischen Begründung sowie die Möglichkeiten von Regel- und Feldveränderungen sind auf die Kleinfeldspiele übertragbar.
Die Kombination von Variablen der Spielorganisation zieht sich als roter Faden durch alle Spielformen.

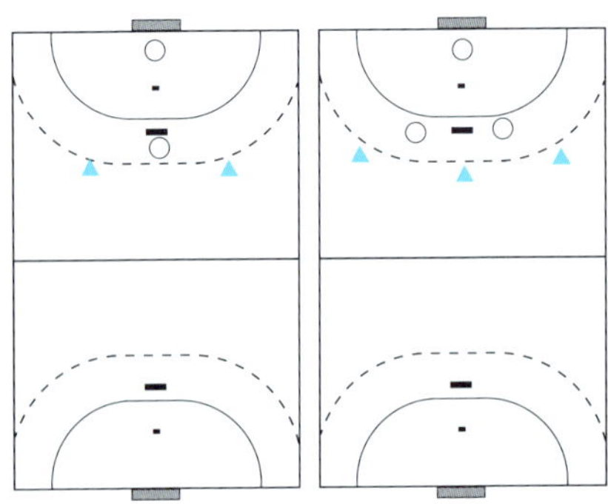

Abb. 50

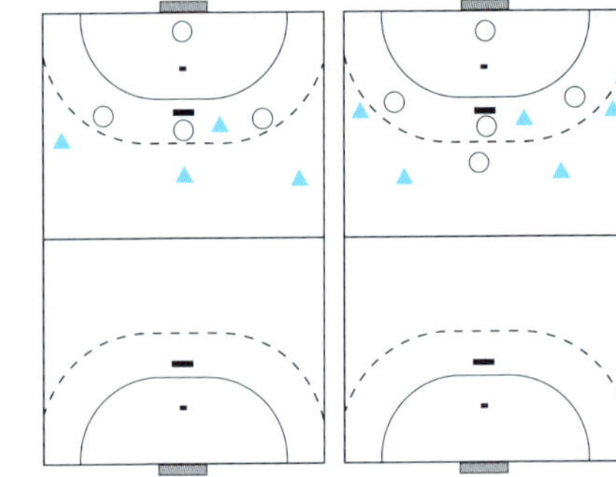

Abb. 51

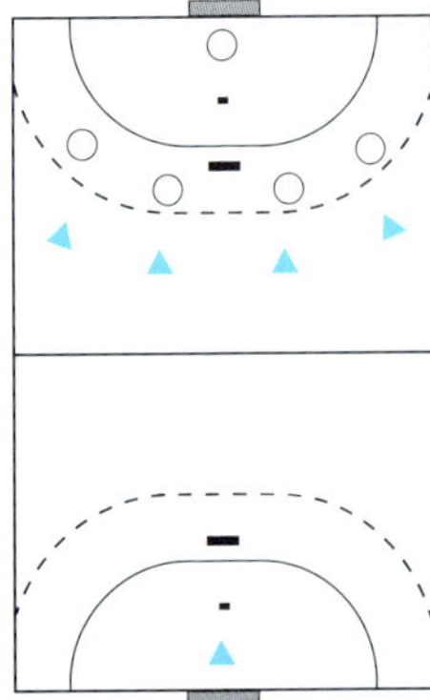

Abb. 52

In den folgenden Spielbeispielen erschwert oder erleichtert die Veränderung der Spielerzahl die Spielaufgabe.
Handball auf zwei Tore mit 2 Mannschaften:

Freies Spiel
ist auch in kleiner Halle oder in einem Hallendrittel möglich. (Abb. 50)

Überzahlspiele
haben sich methodisch besonders bewährt.

Überzahlspiele auf 2 Tore (Abb. 51)
z.B. 2:2...5:5
Achtung! Nicht Gleichzahl! Überzahl bedeutet:
Der Torwart geht mit; er wird zum Angriffspieler, dadurch entsteht die Überzahlsituation
Der Torwurf ist erst ab der Mittellinie erlaubt.
Auch auf mehreren Spielfeldern gleichzeitig möglich!

Vorteil:
Keine vorzeitige Rollenzuteilung
für Feldspieler und Torwart.
Beachte:
Neutrale Anspieler (keine vollwertigen Mitspieler) sind aus spielmethodischen und spieltaktischen Überlegungen zu vermeiden.

Gleichzahlspiele (Abb. 52)
- stellen sehr hohe Anforderungen,
- Prellen verboten (nur bei mannschaftsdienlicher Spielweise erlaubt),
- bei defensivem Abwehrverhalten der Schüler Kombinationspunkte ab der Mittellinie.

4.6 Kleinfeldspiele

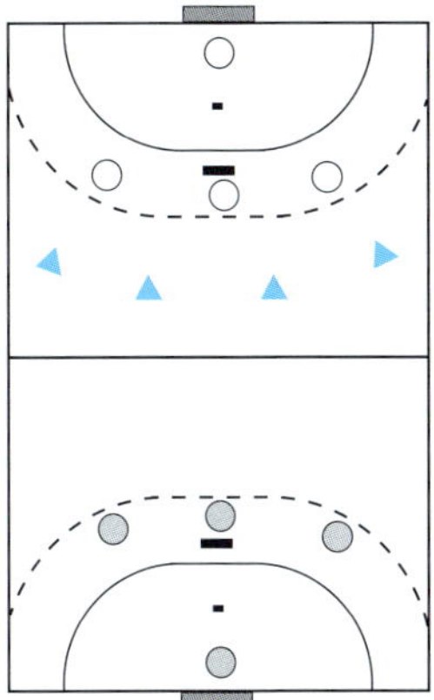

Abb. 53

Handball auf 2 Tore mit mehreren Mannschaften:

Mehrere Mannschaften spielen im Wechsel gegeneinander. Die ballbesitzende Mannschaft greift an. Bei Torerfolg oder Ballverlust hat die Angreifermannschaft Pause. Die Mannschaft, welche abgewehrt hat, greift jetzt gegen die bereits in Abwehraufstellung wartende nächste Mannschaft an.

Beispiel:
Handball auf 2 Tore
mit 3 Mannschaften (Abb. 53)

Variationen:
Überzahlangriff: Torwart "geht mit".
Gleichzahlangriff: Torwart "bleibt".

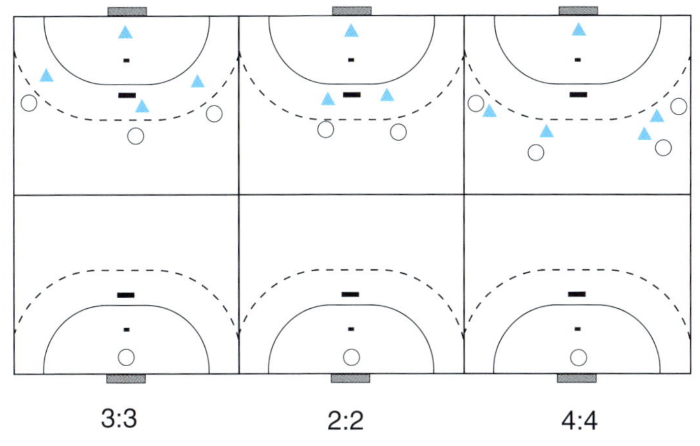

Abb. 54

Gleichzahlspiele

2:2; 3:3; 4:4; usw. können auf mehreren Spielfeldern gleichzeitig gespielt werden. (Abb. 54)

Organisatorische Hinweise:

- Spielführer als Spielleiter benennen
- nicht aktiv teilnehmende Schüler zur Schiedsrichtertätigkeit heranziehen

Alle Kleinfeldspiele können auch als Wandballspiele (ohne Wurfkreis) umgesetzt werden. Die Wand dient als Torersatz (vgl. Seite 24).

4.6 Kleinfeldspiele

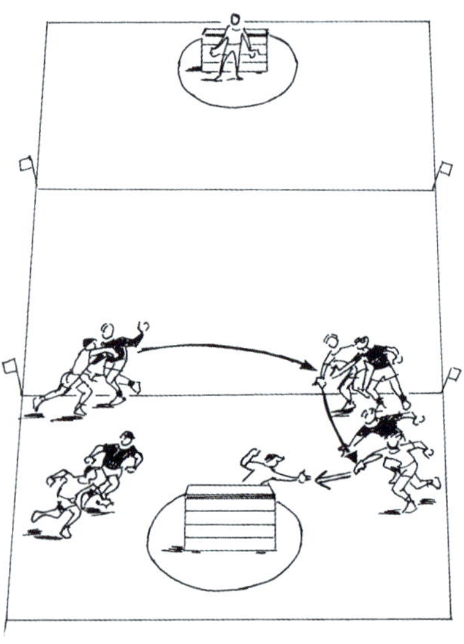

Abb. 55

Variationen:
bei Spielerballung
Kombinationspunkte
ab der
Markierungslinie
im gegnerischen Feld

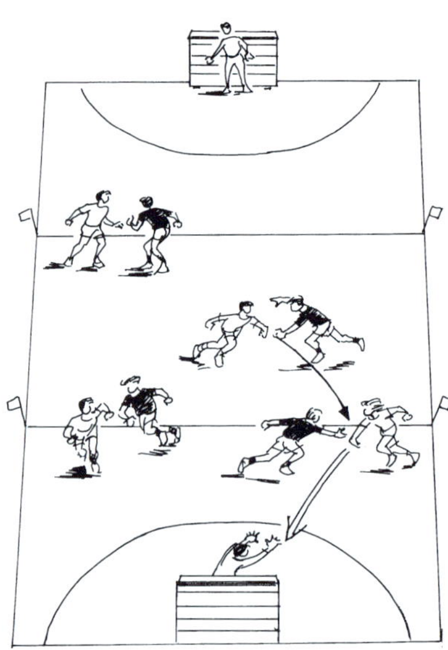

Abb. 56

Empfehlung:
Die Schüler müssen selbstständig laut zählen. "Zeitspiel" pfeifen, wenn die Zählweise nicht deutlich zu hören ist.

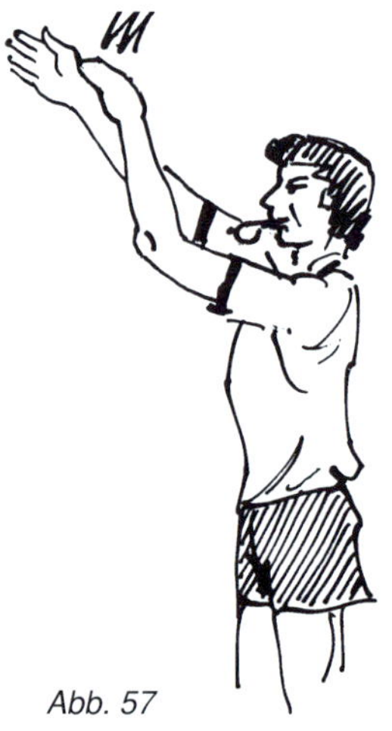

Abb. 57

Passives Spiel
("Zeitspiel")

4.7 Sektorenspiele

Auf dem Weg zum Spiel 6:6 fördern die Sektorenspiele gezielt das technisch-taktische Spielverhalten.
Die Breite des Sektors und die Anzahl der Spieler bewirken den Schwierigkeitsgrad der Spielaufgabe.

Die Breite des Sektors und die Anzahl der Spieler müssen dem Könnensstand angepasst werden.

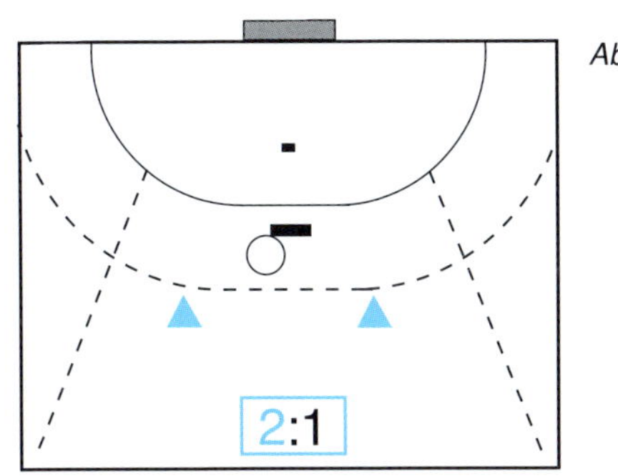

Abb. 58

Überzahlsituation:
Die Verringerung der Spielerzahl bei gleichbleibendem Spielfeld bzw. eine Vergrößerung des Feldes bei gleichbleibender Spielerzahl stellt eine Erleichterung dar.

Überzahlspiele haben sich methodisch besonders bewährt.

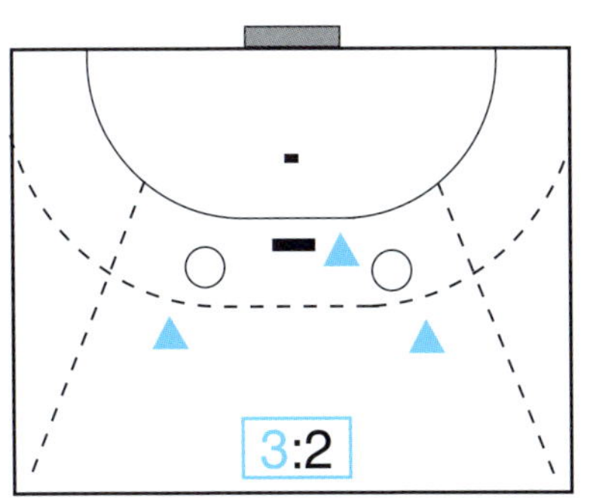

Abb. 59

Situationsgerechtes Verhalten soll geschult werden:

im Angriff
Freilaufen, Raumaufteilung, Durchbruch, Positionswechsel, Kreuzen, Sperren, An- und Abspiel.

in der Abwehr
Heraustreten, Zurückziehen, Übernehmen, Übergeben, Sichern, Aushelfen, Block beim Torwurf, Verstellen von Laufwegen, Arm- und Beinarbeit.

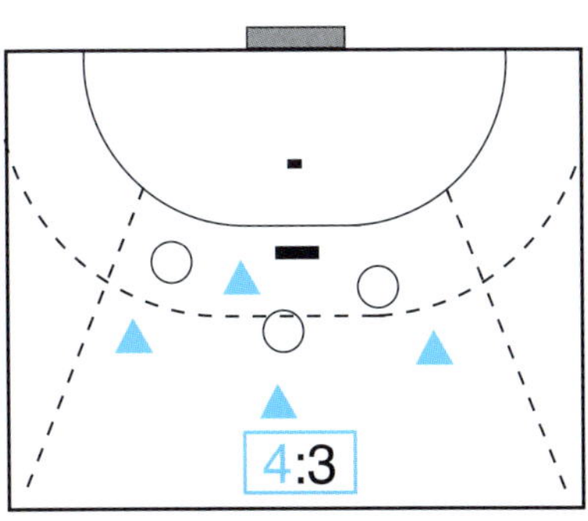

Abb. 60

Sektor

	je kleiner	je größer
Abwehr:	desto leichter	desto schwerer
Angriff:	desto schwerer	desto leichter

4.7 Sektorenspiele

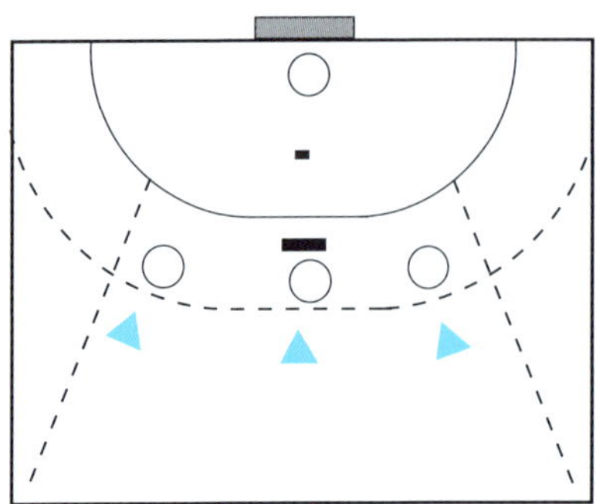
Abb. 61

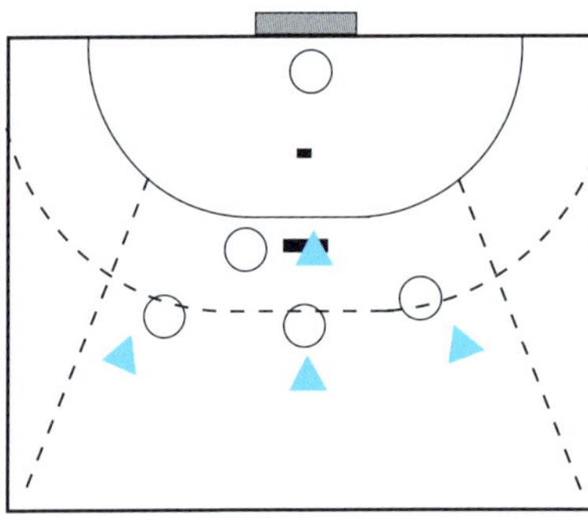
Abb. 62

Gleichzahlsituation:

praktische Empfehlungen:

- freies Spiel
- kein Prellen
- Kombinationspunkte (bei defensiver Abwehr):
  direkter Pass = 1 Punkt
  Bodenpass = 2 Punkte
- Sektor verbreitern bei defensiver Abwehr
- bei technischem Fehler oder Fehlwurf wechselt der Ballbesitz zur gegnerischen Mannschaft (Wechsel-Angriff-Abwehr)
- Bälle, die vom Torwart abgewehrt werden, dürfen sofort wieder auf das Tor geworfen werden: "Ballbesitzer spielt"
- intensives Freilaufen und gutes Zusammenspiel
- das Zusammenspiel der ballbesitzenden Mannschaft darf vom Gegner nur mit fairen Mitteln gestört werden. Alle Angriffe dürfen nur gegen den Ball gerichtet sein, nicht gegen den Körper.

- um defensives Abwehrverhalten zu verhindern, muss mindestens 1 Abwehrspieler (ggf. mehrere) offensiv außerhalb der gestrichelten Linie abwehren. **Bei Nichtbeachtung 7m Strafwurf** für die angreifende Mannschaft.

Worauf ist zu achten?

mannschaftsdienliches Zusammenspiel - FAIR PLAY

- Passen und "Freilaufen ohne Ball"
- Prellen vermeiden
- Torwurf in aussichtsreicher Position
- Mitspieler in Wurfposition bringen

- offensives Heraustreten zum Ballhalter (Rufen: "Ich")
- Defensives Zurückfallen lassen und Sichern
- Bereitschaftsstellung
- Übergeben und Übernehmen ("Zurufen")

Vom Sektorenspiel zum Sportspiel 6:6

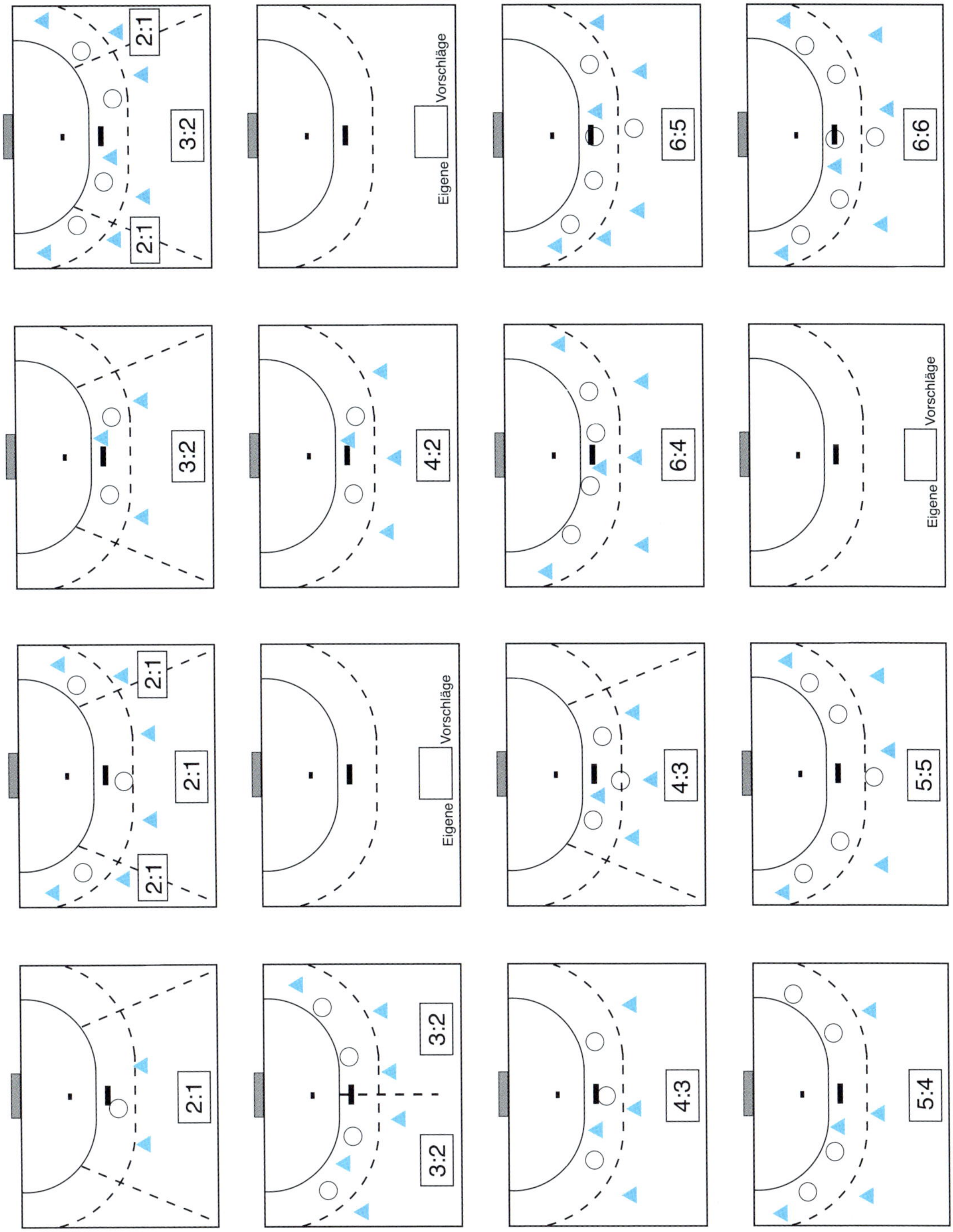

4.8. Sportspiel Hallenhandball

Beim Handballspielen 6:6 ist im Schulsport auf regelgerechtes Spielverhalten zu achten.

Im Bereich der **Mannschaftstaktik** empfiehlt die Spielschule, in allen Altersstufen das freie Spiel zu bevorzugen. Es sollte nicht die Aufgabe des Handballspielens in der Schule sein, verschiedene Angriffs- und Abwehrsysteme oder gar Spielzüge anzustreben.
Aus dem Grundprinzip Passen, Freilaufen und Anbieten, "Spiel ohne Ball", ist die offensive Angriffs- und Abwehrweise dringend zu empfehlen.
Die Schüler sollten im freien Spiel Spielerfahrungen auf mehreren Positionen machen. Daher ist es sinnvoll, im Schulsport die Schulung zu beschränken auf:

3:3 Angriffssystem **und** **3:3 Abwehrsystem**

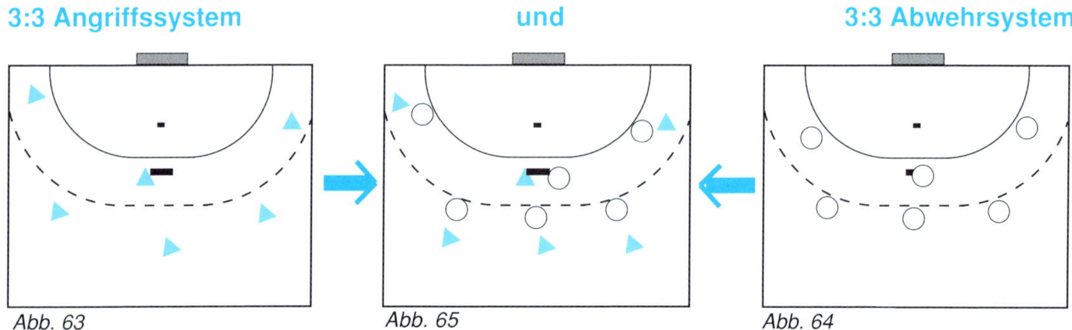

Abb. 63 Abb. 65 Abb. 64

Arbeitsweisen

im Angriff

- Positionswechsel
- Erfahrungen auf mehreren Positionen
- Kreuzen, Positionswechsel in zeitlicher und räumlicher Abstimmung
- Durchbruch
- Stoßen auf Lücke
- Passen, Freilaufen und Anbieten
- Spiel ohne Ball
- Zusammenspiel Rückraum und Kreisspieler (Sperre mit Absetzen). (Abb. 66)

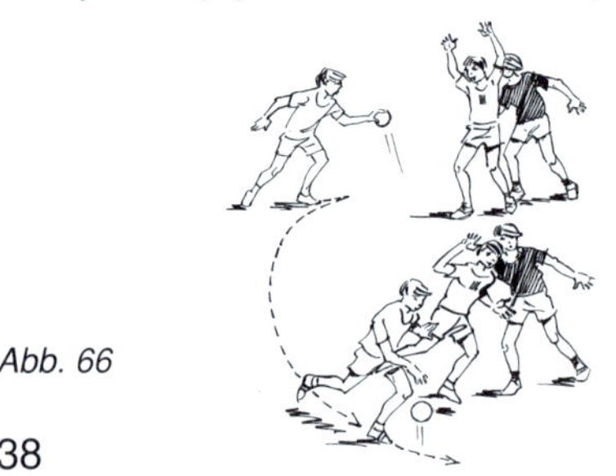

Abb. 66

in der Abwehr

- Verschieben zur Ballseite und Sichern
- offensives Heraustreten auf der Ballseite

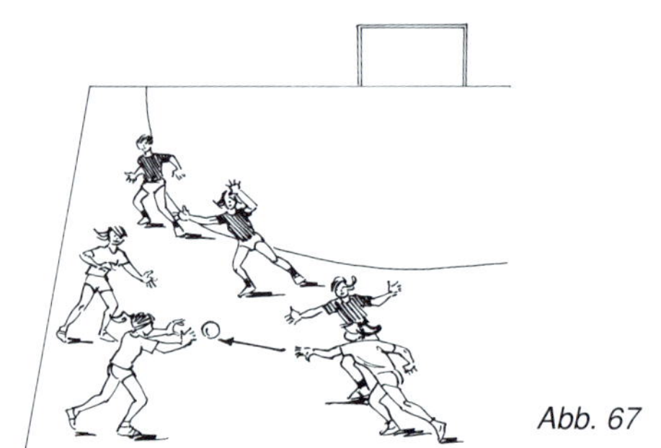

Abb. 67

- Defensives Zurückfallen und Sichern auf der ballabgewandten Seite
- Übergeben - Übernehmen
- Blockieren der Laufwege (Abb. 67)

Praktische Erfahrungen:

In der ersten Phase des freien Spiels sollte das Angriffsverhalten der Spieler im Vordergrund stehen . Die Schüler sind im allgemeinen für das Angriffsverhalten motivierter. Durch die natürliche Wettkampfsituation des Spiels wächst die Bedeutung des Abwehrverhaltens automatisch. Um angreifen zu können, muss abgewehrt werden und umgekehrt.

Defensives Abwehrverhalten lähmt die Spielfähigkeit.
Das freie Spiel ist dem gebundenen Spiel oder gar den Spielzügen vorzuziehen.

Mit sonstigen Angriffs- und Abwehrsystemen sind Schüler im Schulsport sicherlich überfordert. Schülergemäße Variabilität im Spiel und Spielübersicht sind wichtiger als "Systeme". Im freien Spiel angewandte Technik bei mannschaftsdienlichem Verhalten wird der natürlichen Spielfreude der Schüler gerecht und fördert bei zeitlich angemessener Spieldauer die spielspezifische Kondition.

Regelgerechtes Spiel ist von Anfang an wichtig.
Das Foulspiel muss mit der nötigen Konsequenz gepfiffen werden. Der Schiedsrichter muss auch frühzeitig bei gesteigertem Wetteifer "das Spiel in die Hand nehmen", damit die Emotionen nicht überhandnehmen und in Foulspiel ausarten.

Wichtig ist bei der Umsetzung des Spiels, dass

- die Schüler auf unterschiedlichen Positionen spielen lernen;
- den Schülern verdeutlicht wird, welche Aufgabe und Wichtigkeit der Einzelne innerhalb der Mannschaft hat;
- nur durch mannschaftsdienliches Zusammenspielen der Schüler der Spielerfolg möglich ist.

Damit das taktische Zusammenspiel sich entwickeln kann, sollten die Mannschaften über einen längeren Zeitraum zusammenspielen.

5 Unterrichtspraktische Hinweise

5.1 Praxisprobleme und Lösungsmöglichkeiten

Was mache ich, wenn ...	Empfehlungen:
Schüler Angst vor dem Ball haben	– angemessene Bälle verwenden Bei Schülern kann eine Abneigung gegen zu harte Bälle bestehen. Zu empfehlen sind Softbälle mit Elefantenhaut. Die Sprungeigenschaften entsprechen weitgehend denen der Wettspielbälle. Die Ballgröße muss der körperlichen Entwicklung entsprechen. Der DHB schreibt für den Schüler- und Jugendbereich die folgenden Ballgrößen vor: 6-8 Jahre – Minihandball 8-11 Jahre – 52 cm Umfang 12-15 Jahre – 54-56 cm Umfang Die angegebenen Ballgrößen sind für den Schulsport ausreichend. – leistungshomogene Gruppen bilden, – indirekte Pässe höher bewerten (der aufsteigende Ball kann leichter und sicherer aufgenommen werden und kann mit dem Körper besser geschützt werden).
nicht genügend Bälle vorhanden sind	Es kann mit allen Bällen gespielt werden. In der "Spielschule" spielen mehrere Schüler mit einem Ball, deswegen sind "zu wenig" Bälle nicht schlimm. "Jeder Schüler einen Ball" ist allenfalls in der Aufwärmphase zur Ballgewöhnung und Technikvariation erforderlich (vgl. 6.1).

Was mache ich, wenn ...	Empfehlungen:
Probleme mit dem Regelwerk bestehen	– Vereinfachte Regeln einführen (vgl. Anhang). Die Schüler bei der Regelentwicklung beteiligen. Schüler (Vereinsspieler) können Schiedsrichterfunktion übernehmen. Schrittweise Annäherung an die Handballregeln.

Jeder kann beobachten, wo unlauteres oder unfaires Verhalten im Spiel ist. Das ist für die Schiedsrichterleistung entscheidend. FAIR PLAY steht im Vordergrund. Angstfreie und körperkontaktarme Spielsituationen müssen geschaffen werden.

unterschiedliche Vorkenntnisse im taktischen Bereich vorliegen	Taktik-Unterricht ist unbedeutend. Technisch-taktische Elemente sollten im Unterricht nicht voneinander getrennt werden. Die aufgezeigten Kombinationen der "Variablen der Spielorganisation" erzwingen das gewünschte Schülerverhalten spielerisch und machen "Taktik-Unterricht" überflüssig. Ein klärendes Gespräch mit den Schülern, welchen Sinn eine gemeinsam festgelegte Regel hat, ist wichtiger. Für den Wettkampfbereich empfiehlt sich: (minitaktik SL-DBGM,Thieme) (Mastertrainer - Sporttafeln)
übertriebener Eigenwille von bestimmten Schülern vorherrscht	Prellen verbieten. Prellen verführt zum Einzelspiel und schließt viele Mitspieler aus. Die Schüler werden dadurch aggressiver und versuchen, sich durch Foul und regelwidrigen Körpereinsatz einen Vorteil zu verschaffen. Laufen mit dem Ball verbieten. Kombinationspässe führen zu mannschaftsdienlichem Verhalten.

5 Unterrichtspraktische Hinweise

Was mache ich, wenn ...	Empfehlungen:
die Schulklasse zahlenmäßig zu groß ist	– Bildung von kleineren Spielgruppen in überschaubaren Spielfeldern, ggf. unterrichten nach dem Intervallprinzip: Angemessener Wechsel von Belastung und Pause ist wegen der Intensität ohnehin notwendig. – Nach einer Gewöhnungsphase auf 2 oder gar 3 Feldern spielen. Es können mehr Spieler teilnehmen und die Schüler sind intensiver zum Zusammenspiel gezwungen.
die Sporthalle zu klein ist	Eine große Sporthalle (normiertes Feld) ist für Schüler oft eine Überforderung und daher nicht wünschenswert. Die Mannschaften sollten angemessen klein (3:3, 4:4) sein.
keine Tore vorhanden sind	Genormte Tore sind für die Schulung bzw. für jüngere Schüler nicht notwendig. "Torersatz" entsprechend der Körpergröße und den Wurffähigkeiten ist als Wurfziel oft besser. Als Torersatz (Abb. 68) kann man verwenden: Weichbodenmatte, Pferd, Stangen, Kasten, Markierungen mit Klebeband an der Wand... **Kreisersatz:** Klebeband **Linienersatz:** Hütchen, Fahnenstangen

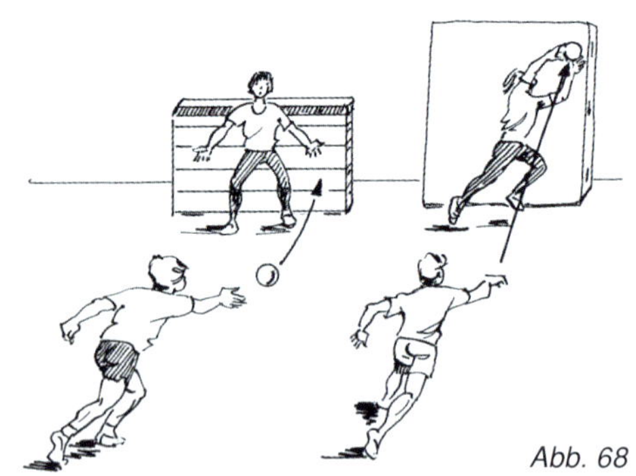

Abb. 68

Was mache ich, wenn ...	Empfehlungen:
Jungen und Mädchen zusammenspielen	Geschlechtsspezifische Probleme gar nicht aufkommen lassen, denn viele Mädchen sind besser als Jungs und umgekehrt.
"die Mädchen sich nicht bewegen" (mangelndes Spielverständnis) und/oder den Ball hektisch wegwerfen	Kombinationspässe hoch bewerten, direkte und indirekte Pässe unterschiedlich gewichten, ggf. kleinere überschaubare Spielgruppen bilden, damit sie "mitspielen müssen".
Schüler das Spiel durch destruktives Verhalten stören	Die Schüler sind dann meistens überfordert oder unterfordert. Durch aufgezeigte Regelveränderungen erleichtern oder erschweren. (Vgl. Praxisteil)
die Raumaufteilung nicht klappt	Spielerzahl verringern, öfter auswechseln oder gar mannschaftsweise auswechseln.
die Spieler sich knäueln um - den Ball - den Kreis - die Matte	Kombinationspunkte einführen. Daraus ergibt sich ein wichtiger Nebeneffekt: die Schüler müssen offensiv abwehren. Offensive Spielweise in Angriff und Abwehr ist methodisch wichtig zur Schulung der Spielfähigkeit. Überzahlprinzip sorgt für Erleichterung. Für die Spieler entstehen somit überschaubare, und dadurch lösbare Spielsituationen. Je kleiner das Feld bei gleicher Spielerzahl, desto schwieriger ist das Spiel.

5 Unterrichtspraktische Hinweise

Was mache ich, wenn ...

Empfehlungen:

keine Linien oder Wurfkreise vorhanden sind

Länge und Breite des Spielfeldes beliebig

- Spielfeldmarkierungen mit farbigem Klebeband kennzeichnen (kann längere Zeit verwendet werden);
- Gummimarkierungen verwenden (z.B.: reivo-Bodenmarkierungen, Sport-Thieme).

Vorschläge

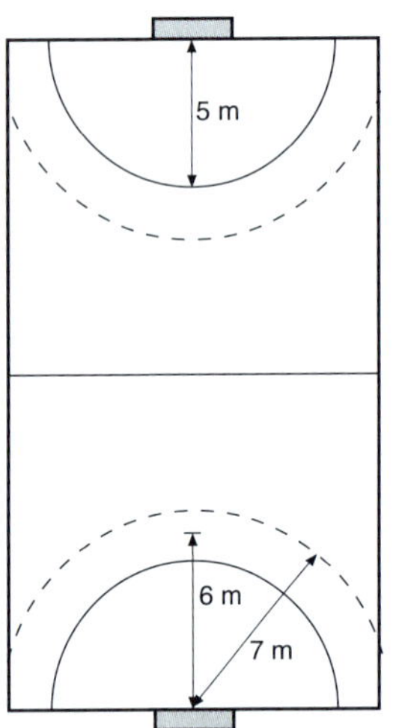

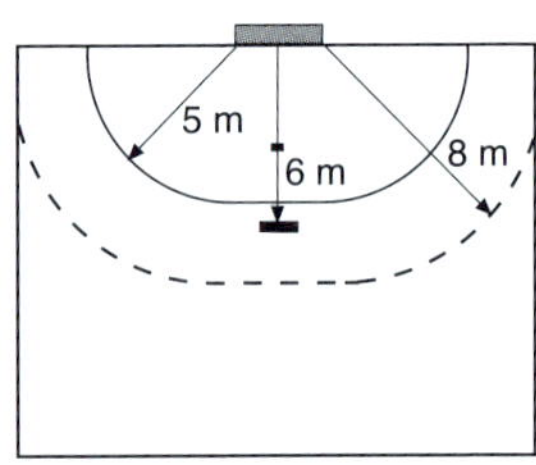

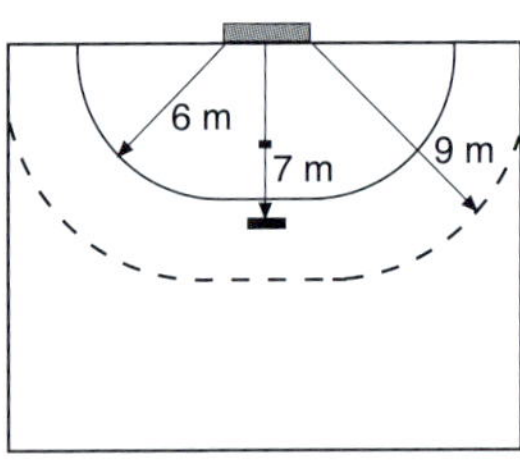

Abb. 69

keine farbige Markierungshemden vorhanden sind

- im fächerübergreifenden Unterricht (z.B.: Hauswirtschaft, textiles Werken) von den Schülern anfertigen lassen;
- pro touch, Intersport Deutschland.

die Schiedsrichterpfeife aus hygienischen Gründen nicht von mehreren in der Stunde verwendet werden kann

- moderne Fahrradklingel, Hupe... verwenden.

Was mache ich, wenn ...

Empfehlungen:

die Tore zu groß sind

Genormte Tore und der 6m Kreis sind für Schüler oft eine Überforderung, deshalb

- "Tor-Markise" verwenden (Abb. 70), im Werkunterricht anfertigen lassen oder zu beziehen von:
  Spielschule Handball
  Kürzeller Straße 33,
  77963 Schwanau
  Tel.07824/3671
- altersgerechte Tore

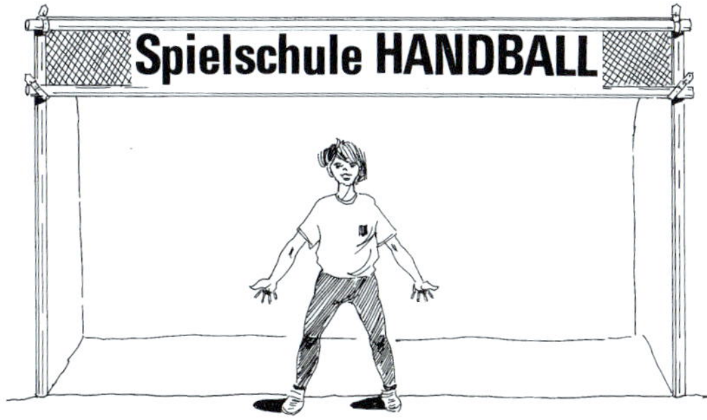

Abb. 70

weitere Hilfsmittel, um das Tor zu verkleinern:

- fest verschraubte Querlatte
- Zauberschnur
- Gummiband
- Hochsprungleine (Sport-Thieme, Grasleben)

große Leistungsunterschiede bestehen

Differenzierung, Bildung von kleineren und leistungshomogenen Gruppen. Die Körpergröße als Differenzierungskriterium hat sich mit großer Akzeptanz bei den Schülern bewährt.

- Zeit und Erfahrungsfreiräume geben;
- ggf. längere Zeit bei einer Spielaufgabe bleiben;
- ggf. so differenzieren, dass auf jedem Spielfeld mit unterschiedlicher Spielaufgabe gespielt werden kann.

5 Unterrichtspraktische Hinweise

Was mache ich wenn, ...	Empfehlungen:
die Schüler unendlich oft nach dem Spielstand fragen	– Schüler zum selbständigen Zählen anhalten; – Anzeigetafel verwenden (reivo); – Anzeigetafel mit den Schülern im Werkunterricht oder bei Projekttagen herstellen.
Schüler ständig die Mannschaften wechseln wollen	Schüler wollen zu der Siegermannschaft gehören. Sieg und Niederlage gemeinsam erleben ist ein wichtiges Erziehungsziel. Wenn möglich sollten die Mannschaften über einen längeren Zeitraum zusammen bleiben.
Zusammenfassung	**Alle Spielformen** sollen durch die Spielgestaltung, vor allem durch Regeländerungen, ermöglichen, dass – Schüler unterschiedlicher Körpergröße und Leistungsfähigkeit gleichberechtigt am Spiel teilnehmen; – wettkampf- und mannschaftsorientiert gespielt werden kann; – die Spielsituationen leichter zu erfassen und damit lösbar sind; – Spielerballungen vermieden werden – körperkontaktarm gespielt wird; – mannschaftliches Zusammenspiel und Torwurf "gespielt" werden.

5.2 Mannschaftsbildung

In jeder Spielstunde werden in der Regel für das Spiel (neue) Mannschaften gebildet. Warum eigentlich?

Mannschaften bilden, gemäß dem Ritual "Wer wählt?", ist nach wie vor die gebräuchlichste Form der Gruppenbildung. Es liegt auf der Hand, dass die (beiden) Besten wählen und die Mitschüler in der Reihenfolge ihrer Leistungsfähigkeit aufgerufen und zugewählt werden.

Welcher Schüler freut sich schon darüber, als letzter gewählt zu werden? Diesen Schülern wird immer wieder neu und unmissverständlich mitgeteilt, dass sie die "Flaschen" in der Klasse und eigentlich gar nicht erwünscht sind.

Um Mannschaften oder Gruppen zu bilden, sollte der Lehrer aus pädagogischen Gründen nicht wählen lassen. Wenn möglich, sollten die Mannschaften über eine angemesse Zeitspanne unverändert bleiben (auch in anderen Sportarten).

Die Schüler lernen, Sieg und Niederlage gemeinsam zu bewältigen. Nebenbei bleibt der Zeitaufwand der Mannschaftsbildung erspart.

Das entbindet den Lehrer nicht von der Pflicht, bei Ungleichheit der Parteien die Mannschaften ausgeglichen (um)zugestalten. Diese Maßnahme sollte den Schülern transparent gemacht werden.

Die folgenden Beispiele haben ihre Vor- und Nachteile. Die Leistungsunterschiede bei den Schülern können damit nicht beseitigt werden. Die leidigen Diskussionen "wer mit wem und in welcher Reihenfolge" wären damit weitgehend gelöst.

Empfehlungen

- Der Lehrer bildet die Mannschaften: nach Alter, Körpergröße, Stadtteilen, Ortsteilen, Unterdorf gegen Oberdorf...
- Nummernspiele im Aufwärmteil der Stunde haben sich bewährt.
- Die Mannschaften oder Gruppierungen über eine Unterrichtseinheit oder sogar über einen längeren Zeitraum bestehen lassen, macht zeitraubendes und unpädagogisches Wählenlassen überflüssig und setzt positive, gruppendynamische Prozesse in Gang. Die Schüler lernen gemeinsam, Sieg und Niederlage zu ertragen und entwickeln ein intensives Gruppengefühl.

Im Rahmen der praktischen Erprobung der Spielschule wurden über einen längeren Zeitraum in unterschiedlichen Klassen die Mannschaften nach folgenden Gesichtspunkten gebildet:

zum einen
- zwei gleichwertige spielstarke und
- zwei gleichwertige spielschwächere Mannschaften

zum anderen
- vier gleichwertige Mannschaften.

Bei beiden Gesichtspunkten waren deutlich Vor- und Nachteile zu beobachten.
Auf nähere Einzelheiten soll hier nicht eingegangen werden (vgl. Emrich, unveröffentlichtes Manuskript aus der Referendarausbildung des Staatl. Seminars für Berufliche Schulen, Freiburg).

5 Unterrichtspraktische Hinweise

Die Spielschule empfiehlt, aufgrund der Beobachtungen, die Mannschaften nach pädagogischen Gesichtspunkten zusammenzustellen und gleichstarke Mannschaften gegeneinander spielen zu lassen.

Die Differenzierung sollte so durchgeführt werden, dass sich sowohl die Einzelleistung als auch das mannschaftliche Zusammenspiel verbessern.

Die Spielhandlungen verteilen sich auf alle Schüler und beziehen die fang- und wurfschwächeren Schüler besser ein. Die Häufigkeit ihrer Ballkontakte verbessert ihre technischen Fertigkeiten, stärkt das Selbstwertgefühl und die Freude am Spiel.

Weitere Beispiele

Beispiel 1

Die Schüler zählen ab: 1-2-3,1-2-3 ..., wenn drei Mannschaften gebildet werden sollen. Jeder merkt sich seine Zahl.

Beispiel 2

Die Schüler bilden Gruppen nach Geburtsmonaten (ggf. zahlenmäßig korrigieren).

Beispiel 3

Die Schüler bilden Gruppen nach dem ABC gemäß den Anfangsbuchstaben des Vornamens.

Beispiel 4

Die Schüler bilden Gruppen der Körpergröße entsprechend (nicht groß gegen klein, sondern Große gegen Große und Kleine gegen Kleine).

Beispiel 5

Die Schüler bilden Gruppen nach geografischen Gesichtspunkten: Unterdorf gegen Oberdorf, Stadtkern gegen Umland,..

Die Mannschaften müssen sich farblich unterscheiden

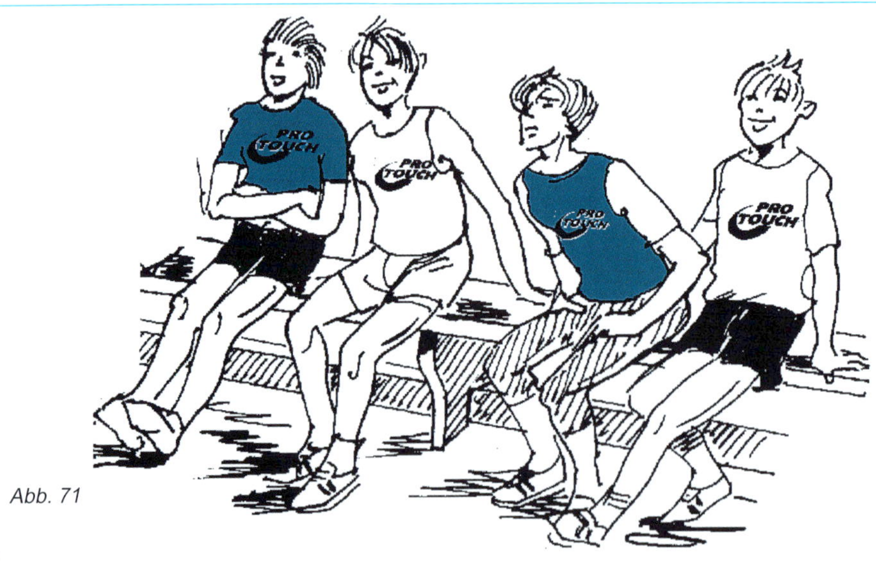

Abb. 71

5.3 Spielleitung

Alle, die Schiedsrichter sein sollen, haben eine große Abneigung gegen diese undankbare Aufgabe. Selten meldet sich ein Schüler freiwillig.

Auch hier ist die Vorbildfunktion des Lehrers gefordert.

In eindeutigen Situationen zu entscheiden ist relativ einfach. Diese klaren Entscheidungen machen die Schiedsrichteraufgabe aber weder schwer noch unangenehm.

Schwierig wird die Sache dann, wenn Regelkenntnis, Regelverständnis, Durchsetzungsvermögen und Unparteilichkeit gefordert sind.

Worauf sollte sich der Schiedsrichter im Schulsport konzentrieren?

Im Sportunterricht muss die Rolle des Sportlehrers als Schiedsrichter auch in den pädagogischen Zusammenhang gebracht werden.

Der Schiedsrichter ist hier Spielleiter und Spiellenker.
Im Schulsport hat er das handballspezifische Regelwerk und besonders Fairness zu vermitteln.

Es ist zu wenig und obendrein pädagogisch falsch, die Rolle des Schiedsrichters aus dem Verbands- und Vereinssport auf den Schulsport zu übertragen.

Im Schulsport, vor allem in der dargestellten Spielschule, hat der Schiedsrichter im wesentlichen zwei Aufgabenschwerpunkte:

Schiedsrichter:
Er entscheidet über fair und unfair, Recht und Unrecht, Einhaltung der Regeln...

Spielleiter:
Er kombiniert innerhalb der "Spielschule" gemeinsam mit den Schülern die Variablen der Spielorganisation (Spielfeld, Spielball, Spielerzahl, Spielregeln). Die Variablen werden situationsangepasst immer wieder neu festgelegt. Schiedsrichter können sowohl Lehrer als auch Schüler sein.

Schüler sollten angemessen in die Mitverantwortung als Schiedsrichter einbezogen werden. Oft verfügen Schüler über große Regelsicherheit. Das sollte genutzt werden. Da ein Schüler oft als Schiedsrichter nicht die gleiche Autorität wie der Lehrer besitzt, steigt die Anzahl der Regelverstöße erfahrungsgemäß an.

Das vom **Lehrer** geleitete Spiel weist weniger Regelverstöße auf. Die Schüler spielen regelgerechter und disziplinierter. Allerdings testen sie die Konsequenz und Regelsicherheit des Lehrers: was der Schiri nicht sieht oder zumindest nicht beanstandet, nutzen sie aus.
Das heißt aber nicht, daß Regelverstöße, die der Lehrer nicht pfeift, keine sind. Konsequenz und Unparteilichkeit sind gefordert.

Diskussionen mit dem Schüler-Schiedsrichter sind verboten! Spielsituationen diskutieren sollte nur der Lehrer. In der Grundschule kommt der Schüler als Schiedsrichter altersgemäß kaum in Frage: in allen weiterführenden Schulen sollten Schüler angemessen an diese Aufgaben herangeführt werden.

---

5 Unterrichtspraktische Hinweise

Auf jeden Fall muss für alle klar sein:

1. die Spielregeln für das heute gültige Spiel
2. der Sinn der Regeln für das jeweilige Spiel

FAIR PLAY und körperloses Spiel, kein Prellen, kein Stoßen, Schlagen, Klammern, Festhalten sowie kein Laufen mit dem Ball, stehen im Vordergrund.
Um ein solches Spiel leiten zu können, braucht der Lehrer kein lizenzierter Schiedsrichter zu sein.

Er muss aber ein guter Pädagoge sein!

- Regeln dem Könnensstand der Schüler anpassen;
- alle Schüler müssen eingesetzt werden.

Folgende Reihenfolge ist zu empfehlen:

- **Regelvorgabe**
- **Spielbeginn**
- **Gesprächsphase:**

Mögliche Regeländerungen oder Regelerweiterungen unter den Prämissen:

- alle Schüler müssen gleichberechtigt teilnehmen können;
- körperkontaktarm spielen;
- leistungs- bzw. wettspielorientiert spielen;
- Spielerballungen verhindern;
- Prellen verbieten! Prellen fördert das Einzelspiel und schließt viele Schüler aus.

Spielen heißt: mitspielen lassen.

- **Spielfortsetzung**

Im Anhang sind Basis-Regeln sowie die üblichen Schiedsrichterzeichen aufgeführt.

5.4 Leistungsbeurteilung

Spielnoten zu **verteilen,** ist gar nicht so einfach. Oft fällt dem Pädagogen die Notenermittlung leichter als die Notentransparenz, nämlich die betroffenen Schüler mit einer plausiblen Rechtfertigung zu überzeugen. Grundsätze einer sachgemäßen und praktikablen Leistungsermittlung und Leistungsbeurteilung gibt es kaum. Bei wert- und messbaren Leistungen ist das natürlich viel einfacher.

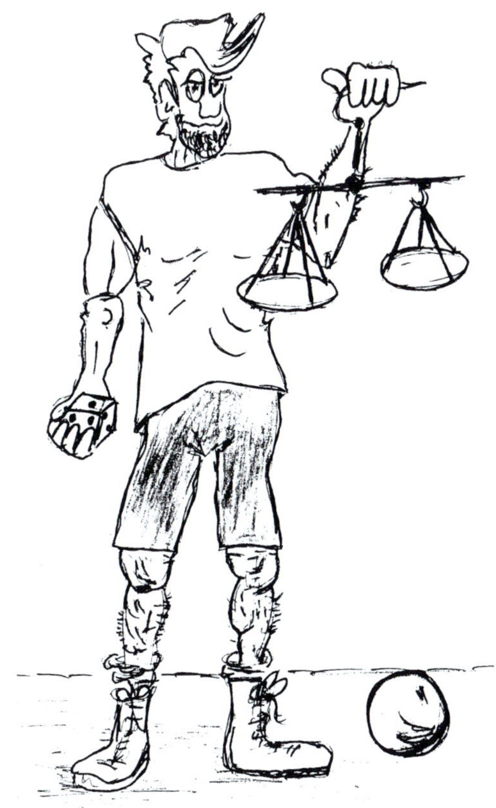

Abb. 72

Innerhalb einer Klasse die relative Rangfolge festzustellen und diese dann in eine übergeordnete Bewertungsskala einzuordnen, wird der pädagogischen Bewertung der Spielfähigkeit nicht ganz gerecht.

Die Spielschule betont von Anfang an das Zusammenspielen und das mannschaftsdienliche Verhalten. So wie die Leistungspyramide der Spielfähigkeit aufgebaut ist und die Spielformen ineinander übergehen, muss in aller Konsequenz auch eine transparente Spielbewertung beschaffen sein. Beispielsweise können Würfe an die Wand, Sprungwürfe über Langbänke oder einen Slalomparcour auf Zeit prellend zu bewältigen nur eine Verlegenheit in der Bewertung sein.

Im Mannschaftsspiel Handball geht es vorrangig um den Erfolg der Mannschaft, bei der Bewertung aber geht es um die Leistung des Einzelnen. Die Bedeutung eines Spielers innerhalb der Mannschaft wird gemessen an der Effektivität, die er in den Mannschaftserfolg einbringt. Der Schüler muss also "mannschaftsdienlich" **und** "notenwirksam" spielen.

Es ist daher unerlässlich, den Schülern eindeutige Beobachtungskriterien transparent zu machen, anhand derer die Schüler die Note nachvollziehen, ja sogar selbst eine solche Beurteilung in einem offenen Bewertungsgespräch treffen können. Damit lernen die Schüler Entscheidungssituationen zu bewältigen. Der Entscheidungswille, die Urteilsfähigkeit und die Kritikfähigkeit werden gefordert und gefördert.

5 Unterrichtspraktische Hinweise

Die Schüler entwickeln die Fähigkeit zur Selbstkritik, Selbstbewertung und Fremdbewertung durch Beobachten, Analysieren und Bewerten.

Nach offenen gemeinsamen Besprechungen verinnerlichen die Schüler die Ergebnisse und lassen durch beobachtbare Veränderungen im Spielverhalten auf durchlebte Lernprozesse schließen.

Bei den folgenden Beobachtungskriterien müssen berücksichtigt werden:

- Stärke der (des) Gegenspieler(s)
- Stärke der Mitspieler
- ...

Die nachfolgenden Vorschläge sollen eine Leitlinie bei der Spielbewertung darstellen. Zentraler Ausgangspunkt ist die von der Spielschule dargestellte Bedeutung des Spielens.

Deswegen soll die spezifische Spielfähigkeit grundsätzlich im Spiel und/oder in spielnahen Situationen nachgewiesen werden.

Zusatzaufgaben sind nur gerechtfertigt, wenn eine Beurteilung aus der Spielbewertung und der Bewertung der spielnahen Situationen noch vervollständigt werden muss. Das sollte allerdings nur in den seltensten Fällen erforderlich sein.

Bewertungsstufen:

1. Spielbewertung
2. Spielnahe Situationen
3. Zusatzaufgaben

1. Spielbewertung

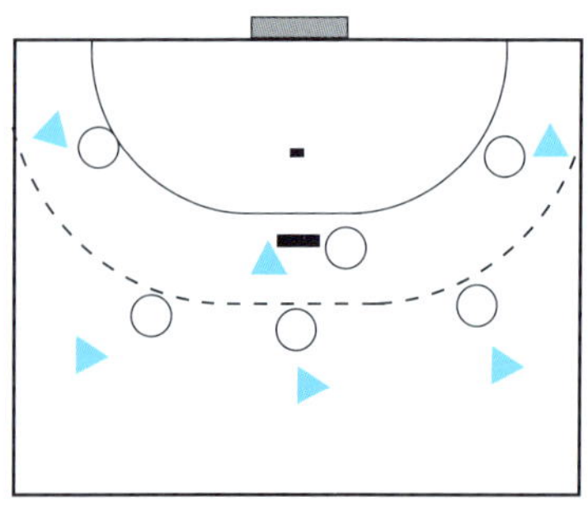

Abb. 73

Hinweis:

Bei der Durchführung des regelgerechten Spiels sind offensives Angriffs- und Abwehrverhalten wünschenswert. (z.B. Abwehrsystem 3:3)

Mögliche Beobachtungsschwerpunkte:

1. Mannschaftsdienliches Verhalten
2. Spielübersicht
3. Angewandte Technik im Spiel
4. Spielspezifische Kondition
5. Variabilität im Spiel

2. Spielnahe Situationen

Abbildung	Spielsituation	Mögliche Beobachtungs-schwerpunkte
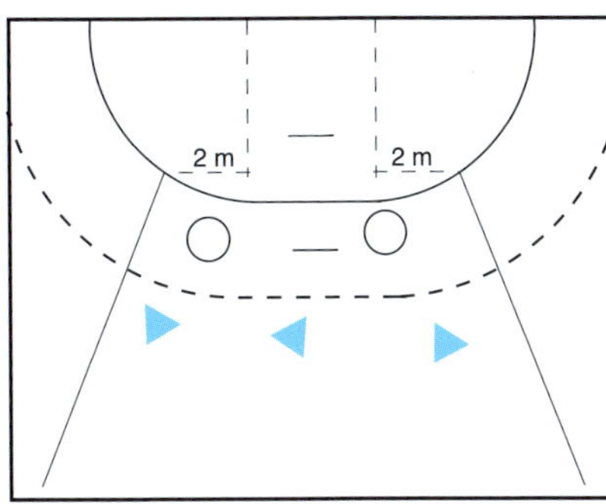 Abb. 74	3:2 auf 1 Tor	– Zuspiel – Ballannahme – Freilaufen – Stellungsspiel in der Abwehr – Ballführung – Lösen mit und ohne Ball – Fintieren – Durchbruch – Torwurf – Stören der Ballannahme und -abgabe – Herausspielen des Balles – Wurfabwehr
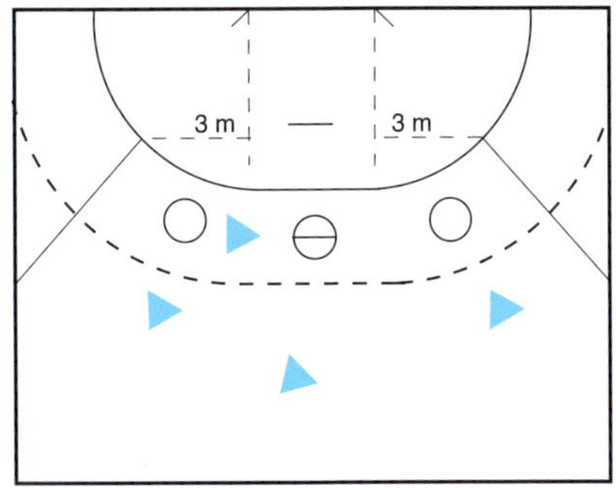 Abb. 75	4:3 auf 1 Tor	– Nutzen von Durchbruch-chancen – Nutzen von Torwurf-chancen – Nutzen der Überzahl-situation
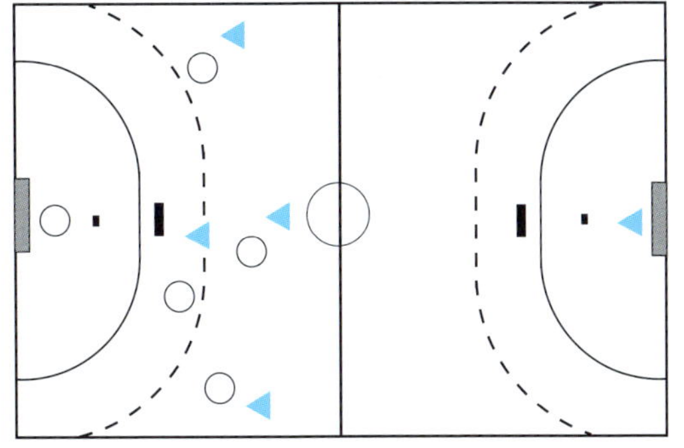 Abb. 76	4:4 auf 2 Tore	– Torwartverhalten – Zusammenspiel in Angriff und Abwehr

Es empfiehlt sich die Durchführung von Sektorenspielen. Die Größe des Sektors und die Anzahl der Spieler entscheiden über die Schwierigkeit der Spielaufgabe.

Durch die ausführliche Beschreibung der Beurteilungskriterien soll deutlich werden, dass übergeordnete Erziehungsziele wie Fleiß, Leistungswille, Anstrengungsbereitschaft und soziales Verhalten beobachtbar und bewertbar sind.

Die Spielnote sollte natürlich nicht in einer bestimmten Stunde als punktuelle Tagesform ermittelt werden, sondern sich als "Langzeitbeobachtung" ergeben.

3. Zusatzaufgaben

1. Torwurfübungen

Der Schüler zeigt bei zügiger Ausführung 5 Würfe von verschiedenen Positionen. Die Positionen sind frei wählbar (Rückraum -Außen- Kreis), z. B. als Schlag-, Sprung-, Fallwurf...

Der Prüfling kann auch die Position am Kreis frei wählen. Ebenso die Stellung zum Tor (frontal oder mit dem Rücken zum Tor). Alle Würfe können mit passivem Gegenspieler ausgeführt werden.

Beurteilungskriterien:
- Bewegungsqualität (Form der Ausführung, Exaktheit, Dynamik)
- Effektivität (Wurfgenauigkeit und Schärfe)
- Variabilität
- Schwierigkeitsgrad des Wurfes

2. Abwehrverhalten

a. Der Prüfling steht am eigenen Wurfkreis und versucht, die nacheinander aus den verschiedenen Rückraumpositionen angesetzten Weitwürfe abzublocken.
Bewertungskriterien:
Wurfarmseite abdecken, Arme/Hände gehen zum Ball, Abwehrerfolg. (Abb. 77)

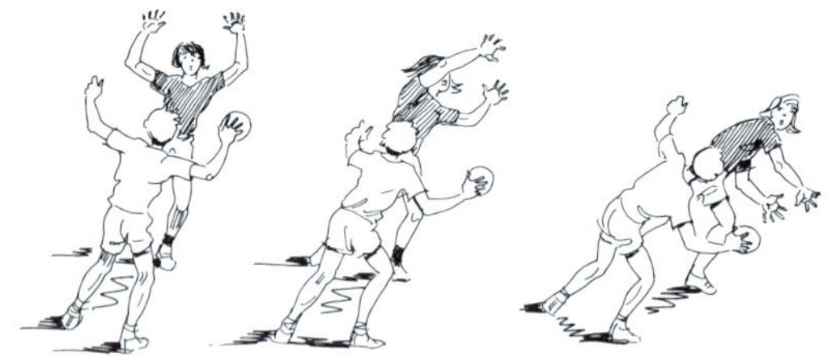

Abb. 77

b. Der Prüfling nimmt an der Mittellinie einen dribbelnden Gegenspieler in "Manndekkung" und versucht, dessen Torwurf zu verhindern. (Abb. 78)

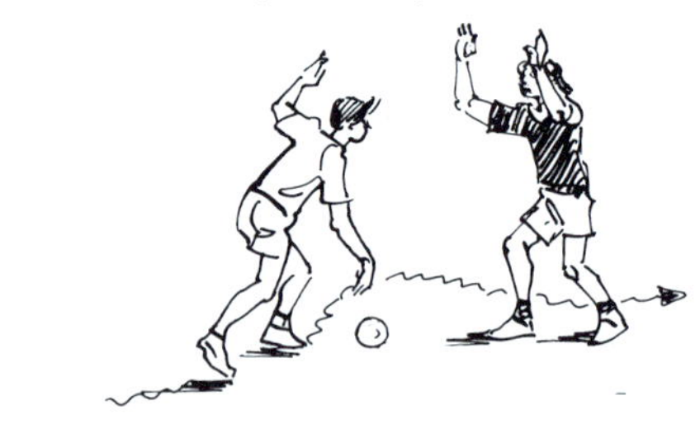

Abb. 78

Bewertungskriterien:
Abdrängen des Gegners zur Nichtwurfarmseite, regelgerechter Körpereinsatz, richtiges Annehmen des Gegenspielers, regelgerechtes Ballherausspielen... (Abb. 79)

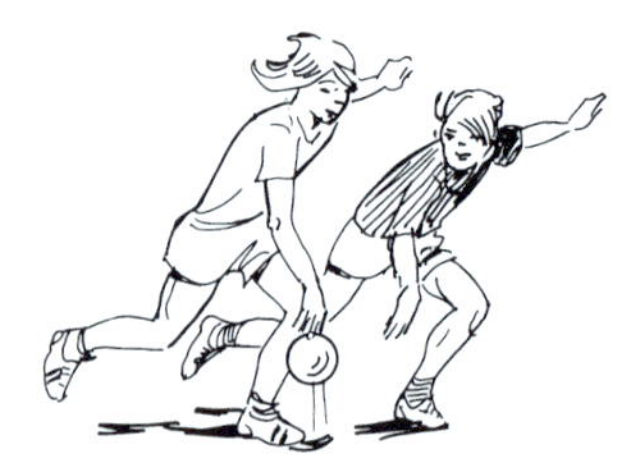

Abb. 79

Kriterien zur Bewertung der Spielleistung

Name	Mannschafts-dienliches Verhalten	Spiel-übersicht	Technik im Spiel	Spiel-spezifische Kondition	Variabilität im Spiel	Spielnahe Situationen	Zusatz-aufgaben	Summe	Punkte Note

Erläuterungen zu "Kriterien zur Bewertung der Spielleistung"

Mannschafts-dienliches Verhalten	Spiel-übersicht	Technik im Spiel	Spiel-spezifische Kondition	Variabilität im Spiel	Spielnahe Situationen
Kooperations-fähigkeit in Angriff und Abwehr übertriebener Eigenwille Umschalten von Angriff auf Abwehr diszipliniertes Spielverhalten Einordnungs-bereitschaft	Erkennen von Torwurf-möglichkeiten Anspiel-möglichkeiten Spiel-antizipation, Spielaufbau, Spielwitz, Anspiel-bereitschaft	Regelgerechtes Spielverhalten, Zuspiel, Ballannahme, Stellung in der Abwehr Arm- und Bein-arbeit Ballführung, Fintieren mit und ohne Ball Torwürfe Wurfabwehr	Azyklische Ausdauer Kraft Schnelligkeit kämpferische Einsatzbereit-schaft	Übernahme verschiedener Rollen in Angriff und Abwehr Torwart-verhalten: - Mut - Reaktion - Stellungsspiel	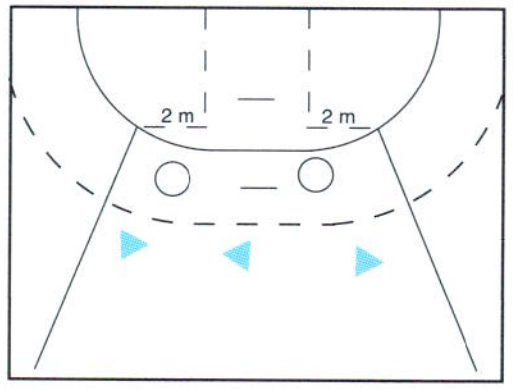 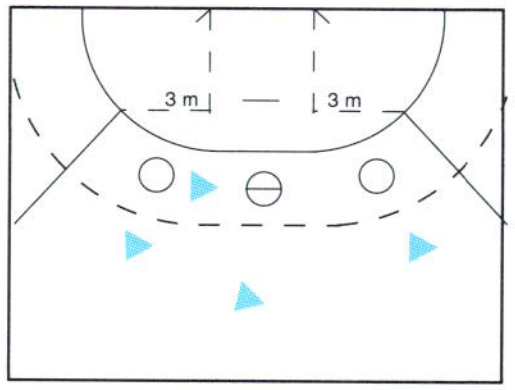

5.5 Empfehlungen zum Stoffverteilungsplan

Die Spielschule Handball hat in allen Altersstufen und Schularten einen angemessenen zeitlichen Umfang im Stoffverteilungsplan verdient.
Sofern es die inhaltlichen und organisatorischen Gesichtspunkte erlauben, ist es sinnvoll, eine Spielstunde nicht als Doppelstunde zu gestalten.
Eine vorausgehende Stunde mit einer anderen Disziplin (z.B.: eine Individualsportart) erhöht die Variabilität der Unterrichtsgestaltung und verlängert den Zeitraum des Spielunterrichts. Daher sind Einzelstunden, verteilt über 10 Wochen effektiver, als 5 Wochen jeweils eine Doppelstunde.
Für die physische und psychische Beanspruchung der Schüler ist ebenso die Einzelstunde der Doppelstunde vorzuziehen.

Erfahrungsgemäß bringt die kollegiale Abstimmung in der Fachkonferenz Sport die größte Transparenz.

Durch die Zusammenarbeit bei der Planung und Vorbereitung des Sportunterrichts können unter anderem folgende Aspekte berücksichtigt und gemeinsam abgestimmt werden:

- die Auswahl und Reihenfolge der Sportarten

- die Übertragbarkeit der Spielaufgaben der Spielschule Handball auf andere Sportarten

- die Berücksichtigung örtlicher Sporttraditionen

- die Terminierung sportlicher Höhepunkte im Schuljahr (vgl. außerunterrichtliche Veranstaltungen)

- die Mitwirkung von Schülern an der Planung und Durchführung von unterrichtlichen und außerunterrichtlichen Veranstaltungen

- die Verzahnung von Schul-, Vereins- und Breitensport

6 Unterrichtspraktische Beispiele

6.1 Aufwärmspiele - Technikvariation

Ballgewöhnung - Koordinationsschulung - Technikvariation mit Ball

Die folgenden Beispiele sollen Anregungen zur Ballgewöhnung, Koordinationsschulung und Technikvariation sein. Sie können als Bausteine für eine Unterrichtsstunde beliebig ausgewählt und zusammengestellt werden. Es ist wünschenswert, bereits den Aufwärmteil mit Ball zu gestalten. Die inhaltlichen Schwerpunkte der Übungen und deren Variationen sind den Illustrationen zu entnehmen.

Wir variieren: hohes Prellen, tiefes Prellen..
linke Hand, rechte Hand
(Abb. 80)

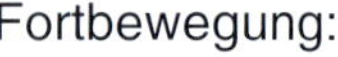

Fortbewegung:
Laufen, Laufen vw/rw,
Hopserlauf, side-step

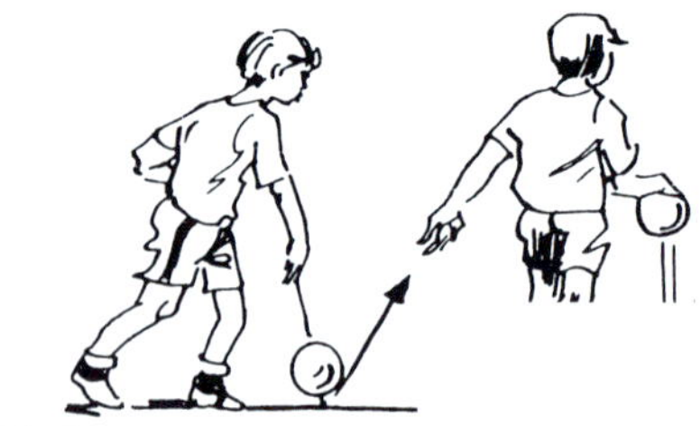

Abb. 80

Wir versuchen, uns den Ball abzujagen: "Achtung, der Ballhai kommt". (Abb. 81)

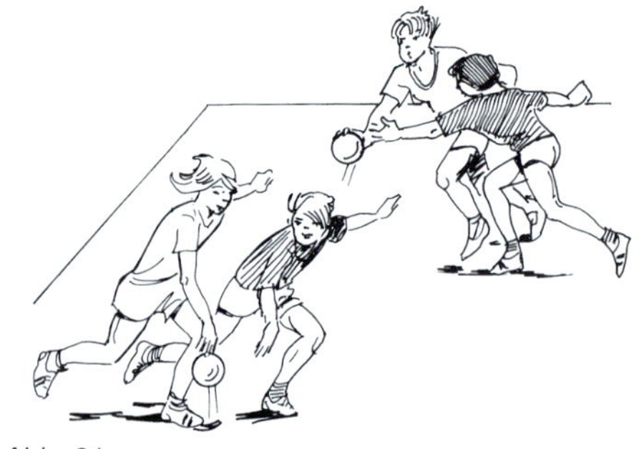

Abb. 81

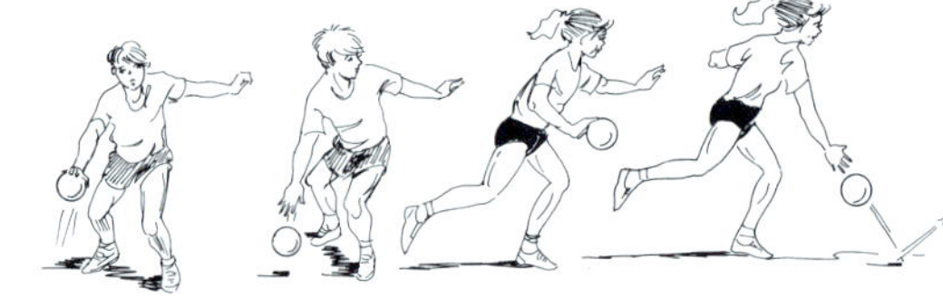

Abb. 82

Tiefes Prellen, schnelles Prellen, Prellen in der Bewegung (Abb. 82).
(Bereitschaftsstellung und Schützen des Balles beachten)

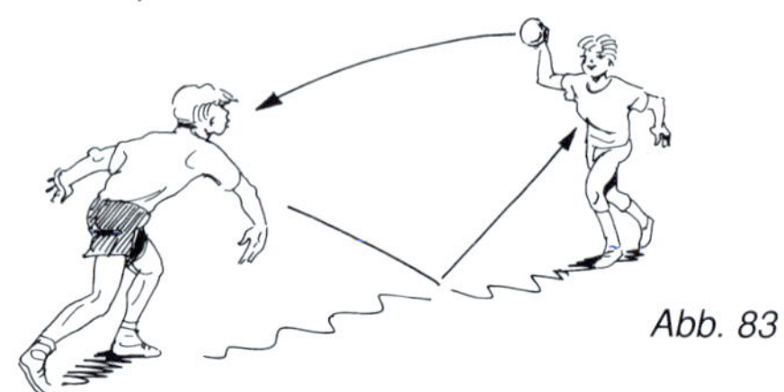

Abb. 83

Wir variieren: direktes und indirektes Abspiel in der Bewegung (Abb. 83).

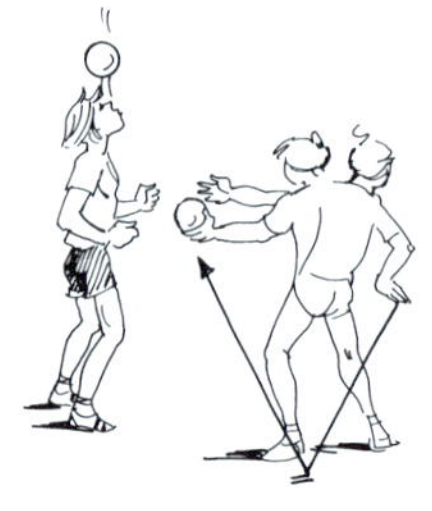

Wir variieren mit dem Ball (Abb. 84)

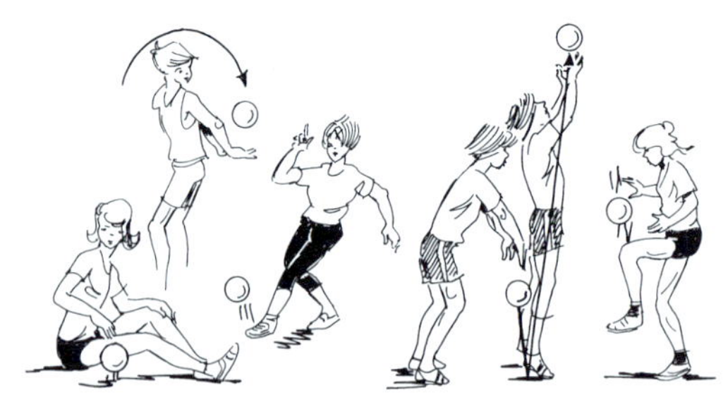

Abb. 84

Spiel dem Partner den Ball als "Dreher" beidhändig zu (Abb. 85)

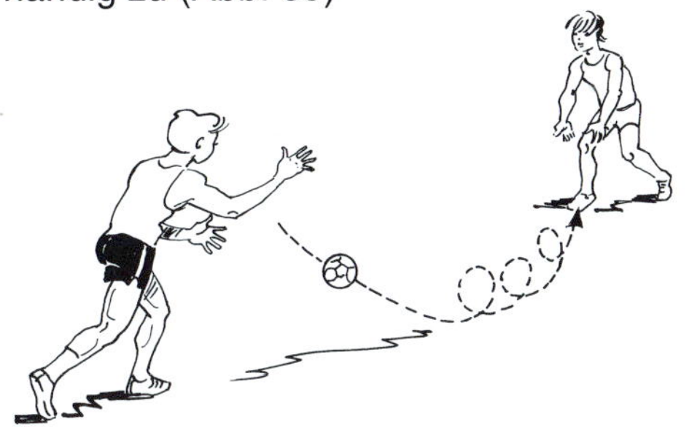

Abb. 85

Variiere (Abb. 86)

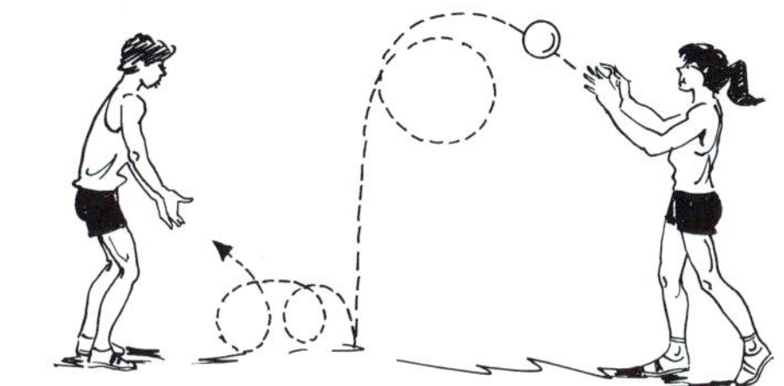

Abb. 86

Variiere einhändig (Abb. 87)

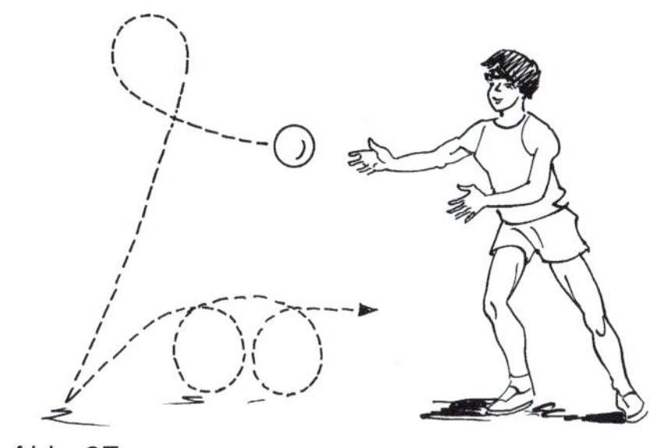

Abb. 87

Wir fangen und passen in der Bewegung: enge Gasse, breite Gasse. (Abb. 88)

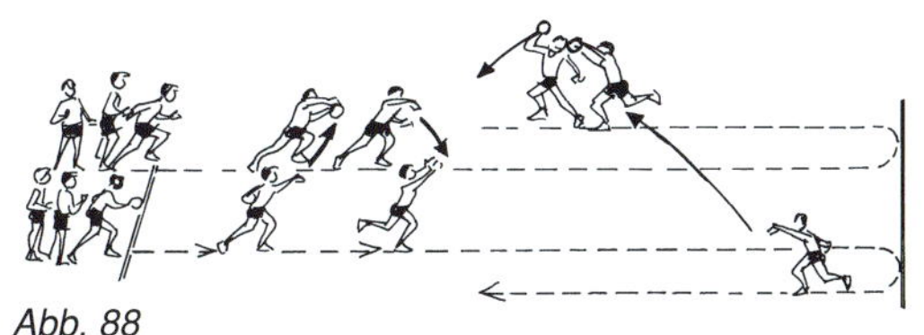

Abb. 88

Wir werfen in unterschiedlicher Höhe an die Wand. Der Partner fängt den Ball direkt auf. Variante: der Ball darf aufspringen;
Würfe direkt oder indirekt an die Wand. (Abb. 89)

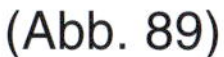

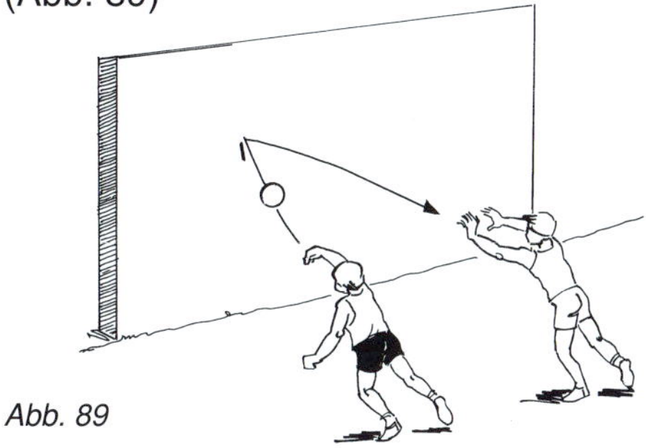

Abb. 89

Prellen in der Bewegung: Alle laufen und prellen. Variante: Mit der freien Hand werden Symbole oder Zahlen angezeigt;
prellen links, prellen rechts. (Abb. 90)

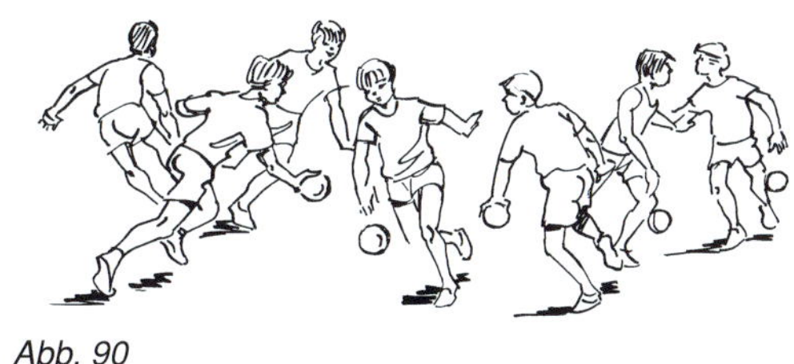

Abb. 90

Alle prellen, 1 Fänger: Wer abgeschlagen ist, wird zum Fänger (variiere die Fortbewegung: laufen, side-step...). (Abb. 91)

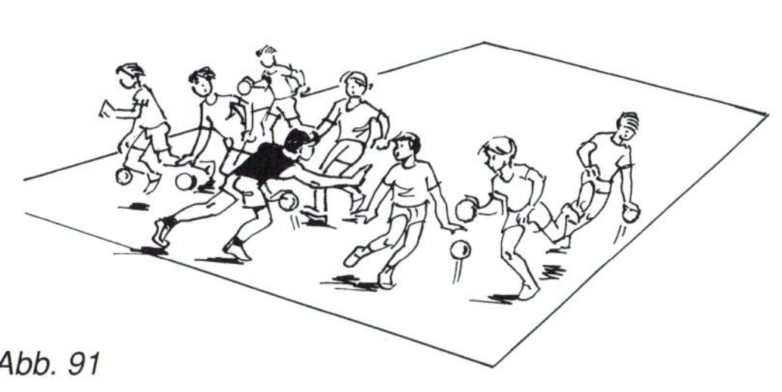

Abb. 91

Prellend abspielen in der Bewegung

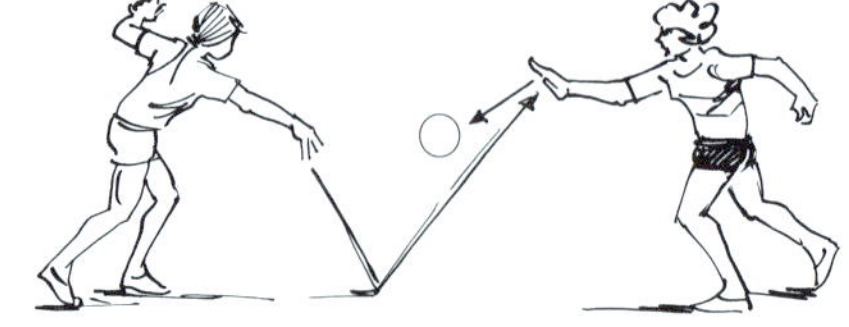

Abb. 92

Abschlagen prellend
Schattenprellen (als Variation). (Abb. 93)

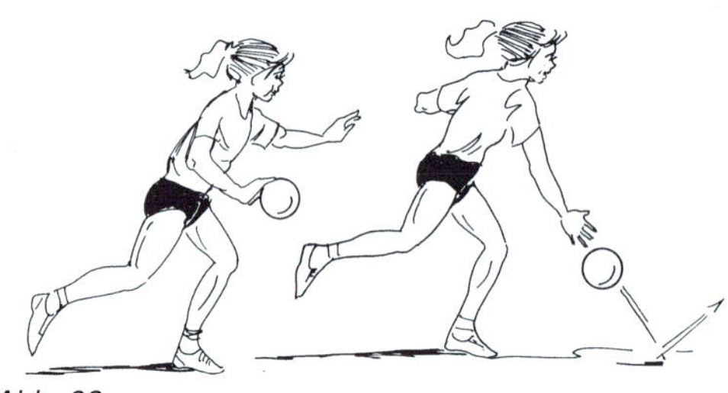

Abb. 93

Abspiel Rückhand (Abb. 94)
Zusatz: Rückhand-Torwurf.

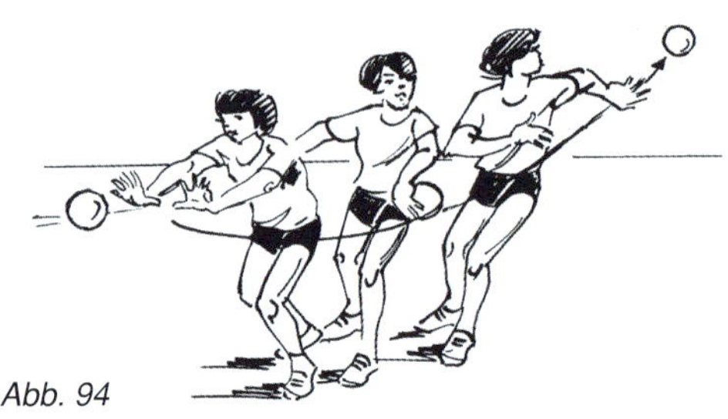

Abb. 94

Fangen und werfen,
Wir variieren in der Bewegung die Entfernung zum Partner. (Abb. 95)

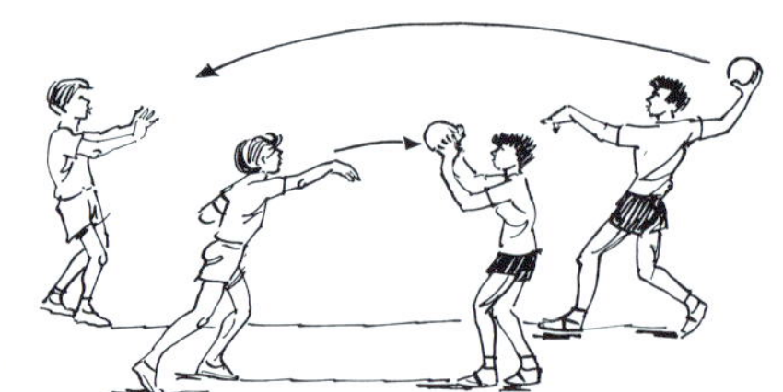

Abb. 95

Prellen im 6m- und 9m-Kreis: Jeder gegen jeden. (Abb. 96)

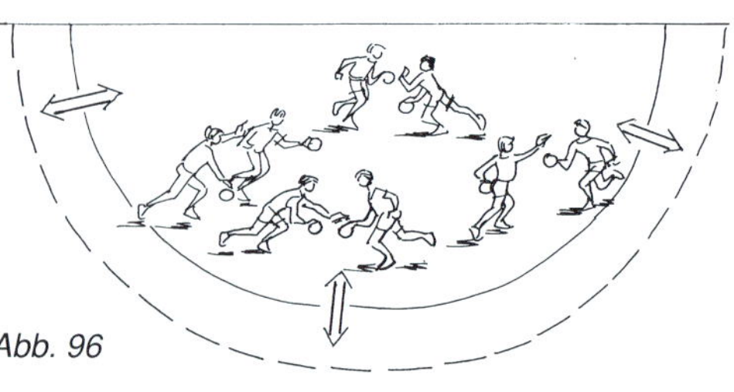

Abb. 96

Wer den Ball verliert, verlässt den 6m-Raum und prellt zwischen 6m-Kreis und 9m-Kreis weiter. Auch hier Jeder gegen Jeden: Wer gewinnt, darf in den 6m-Raum zurück.

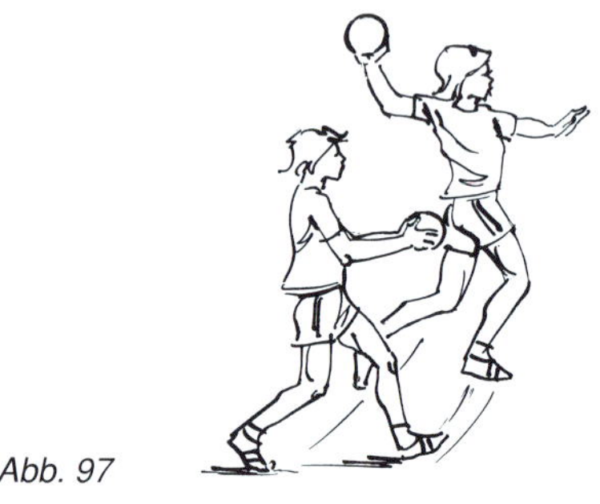

Abb. 97

Wir spielen ab im Sprung. Variiere:
Sprung mit rechtem Bein
Sprung mit linkem Bein (Abb. 97)
Sprung beidbeinig

Wir spielen mit 2 Bällen gleichzeitig: Variiere: nur indirekte, nur direkte Pässe, direkt und indirekt, einhändig, beidhändig...

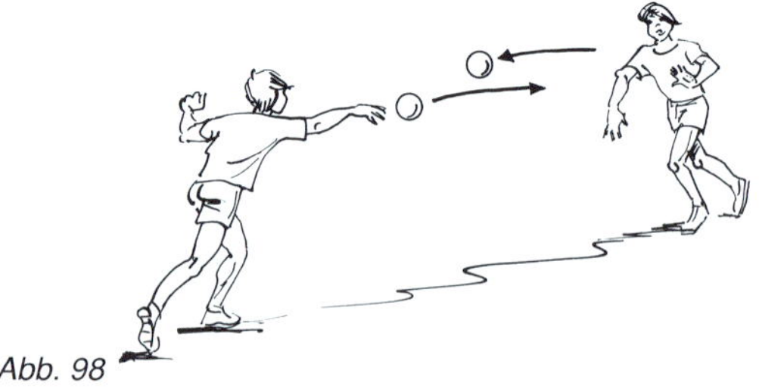

Abb. 98

Variiere:
Abspiel zeitgleich: 1 Partner mit dem Fuß,
1 Partner mit der Hand.

Wir springen über Linien, Langbänke, Hockeybande...
als Sprungwurfkarusell zur Rhythmusschulung: links-rechts-links-links... (Abb. 99)

Kleinere Schüler benutzen den Innenkreis, größere Schüler benutzen den Außenkreis. Linkshänder rechts herum, Rechtshänder links herum.

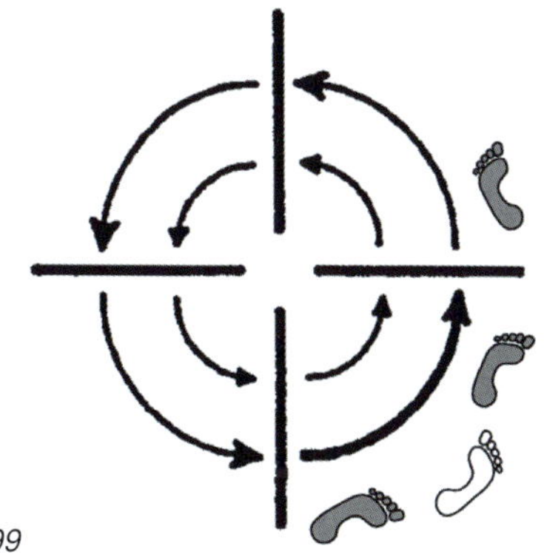

Abb. 99

Springe einbeinig über Linien in der Halle (Sprungbein = Landebein).

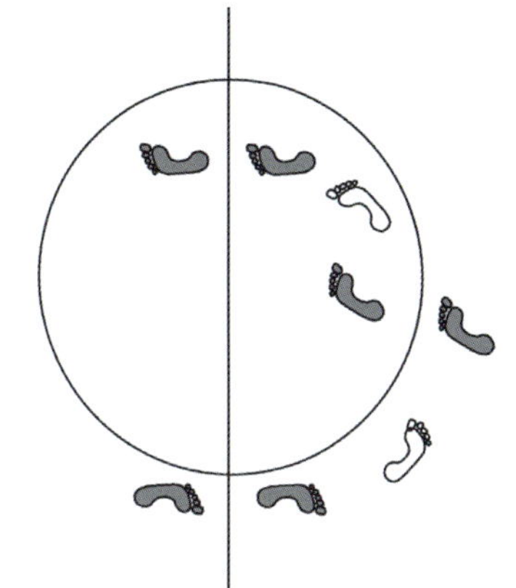

Abb. 100

Springe über eine Linie und "schlage mit der Hand ein Loch in die Luft". (Abb. 101)

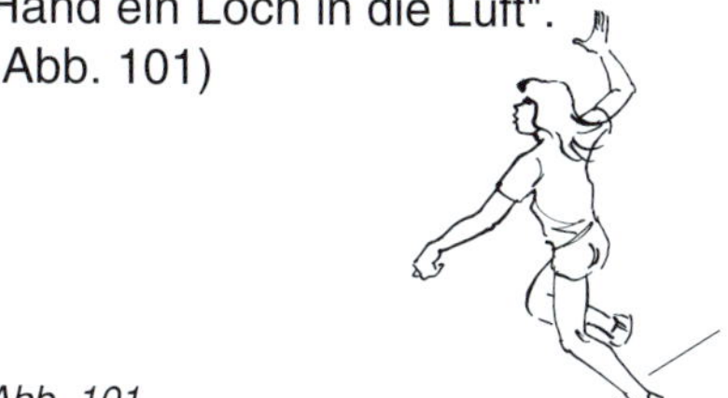

Abb. 101

Luftballontreiben: treff den Luftballon
- im Stand,
- in der Bewegung,
- im Sprung (li, re, bb).

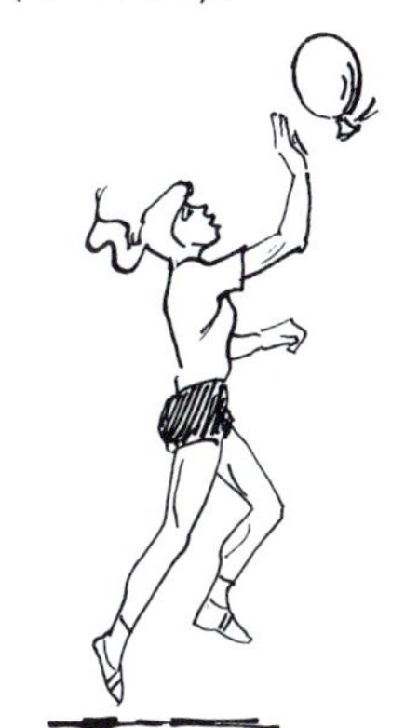

Abb. 102

Wirf die "Rakete" (Müllbeutel)
- im Stand,
- aus dem Lauf,
- aus dem Sprung

und fang sie wieder auf bevor sie zu Boden fällt. (Abb. 103)

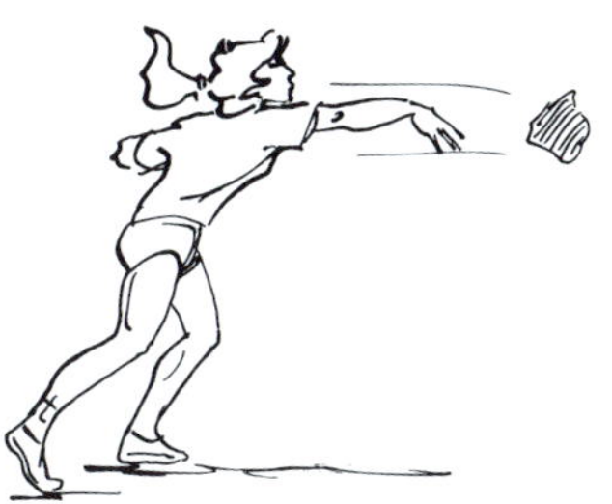

Abb. 103

6.2 Kräftigung und Dehnung

Allgemeines Programm Kräftigung

Muskulatur Übungsinhalt	Übungsausführung einfach	Übungsausführung mittel
Bauchmuskulatur	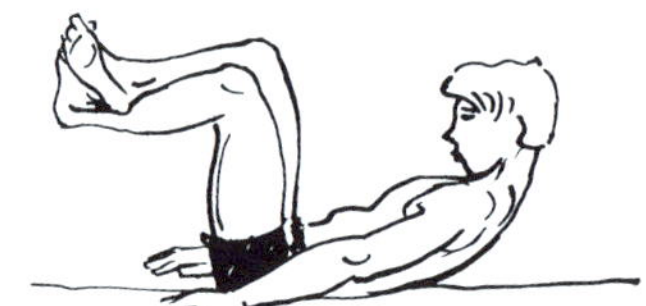	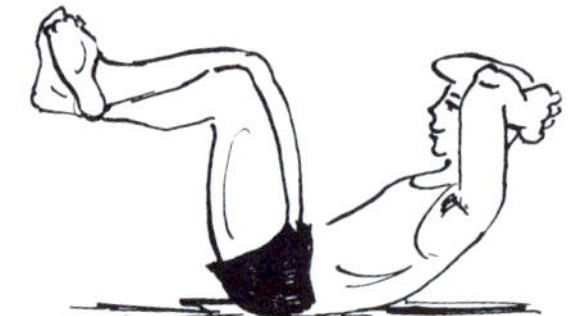
Stützmuskulatur Schultergürtel	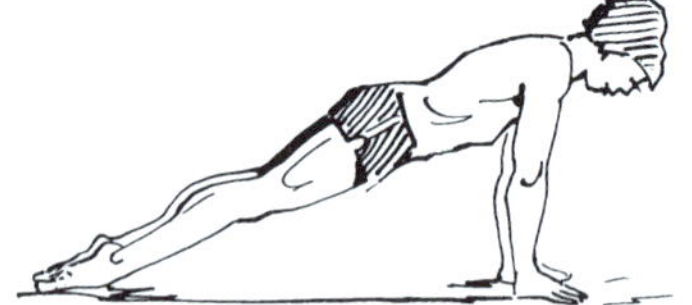	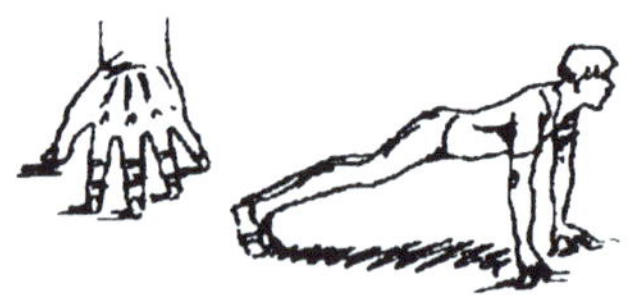
Rückenmuskulatur	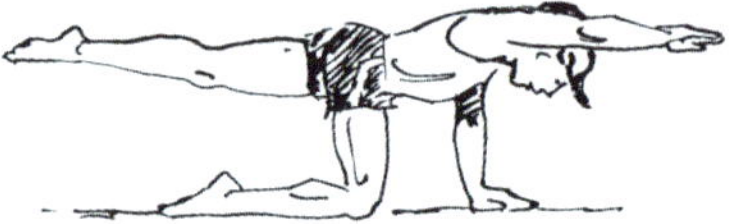	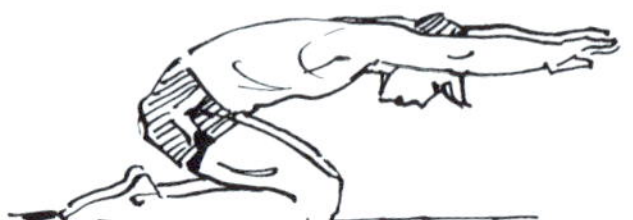
Schultergürtel-Rücken-Becken-stabilisation	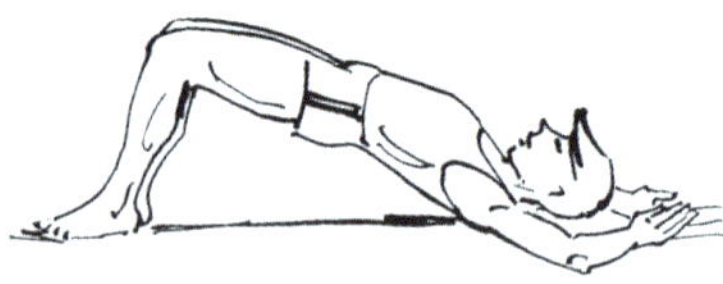	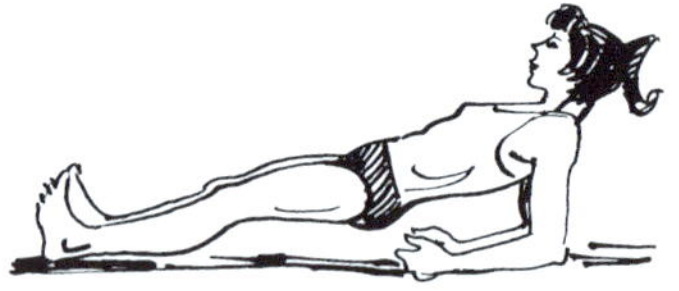
Gesäßmuskulatur	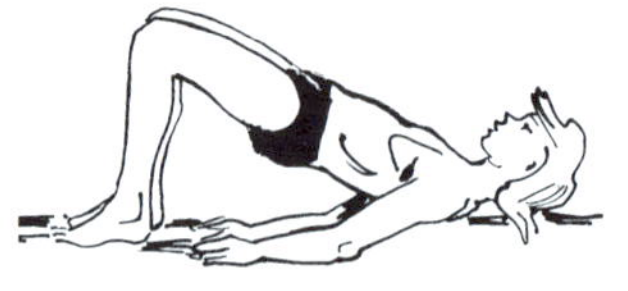	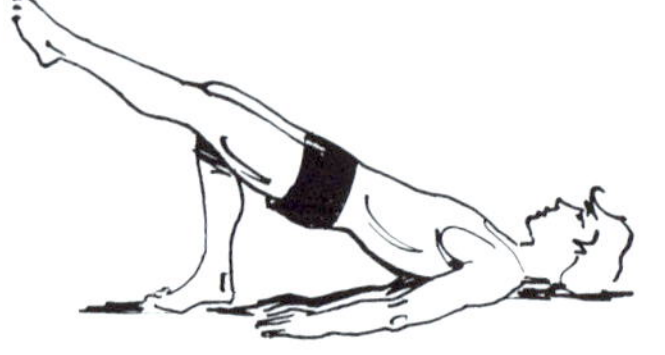
Beckenstabilisation	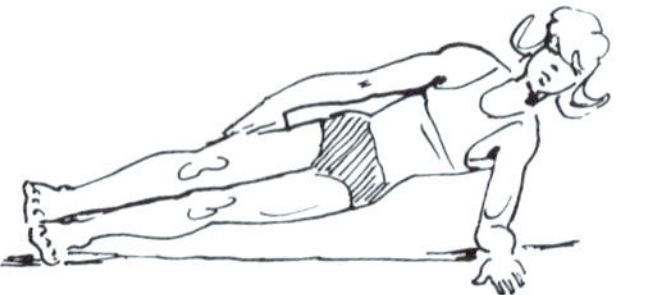	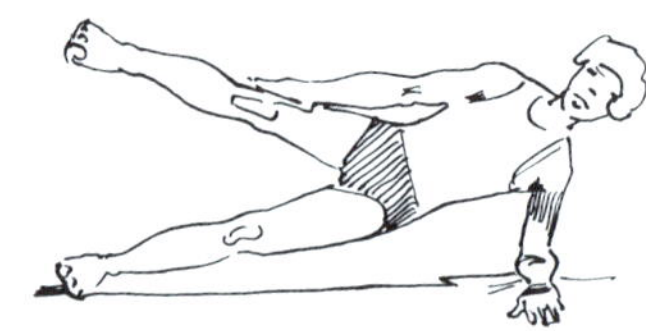

Allgemeines Programm Kräftigung

Muskulatur Übungsinhalt	Übungsausführung schwer	Dehnung
Bauchmuskulatur	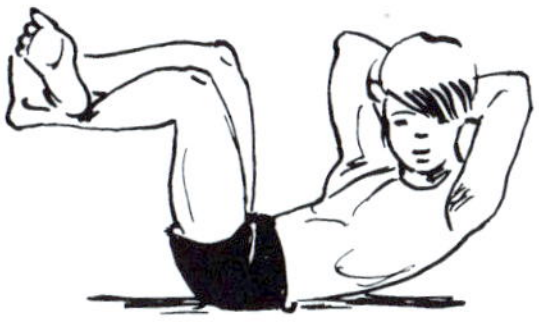	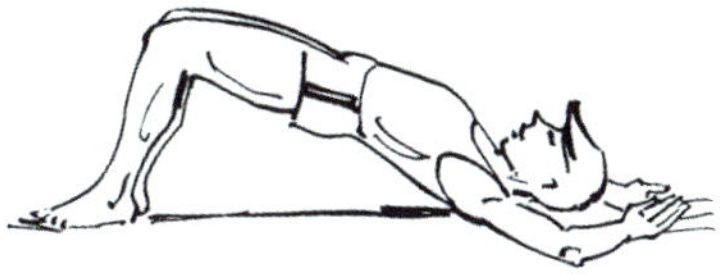
Stützmuskulatur Schultergürtel	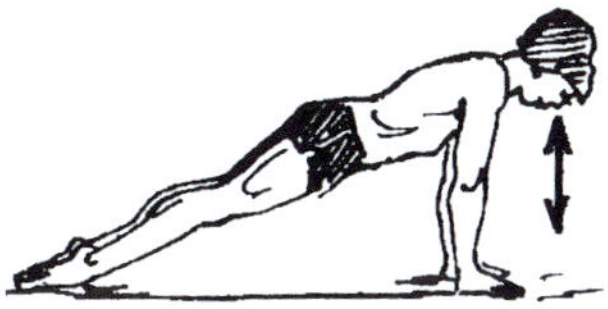 Liegestützspringen	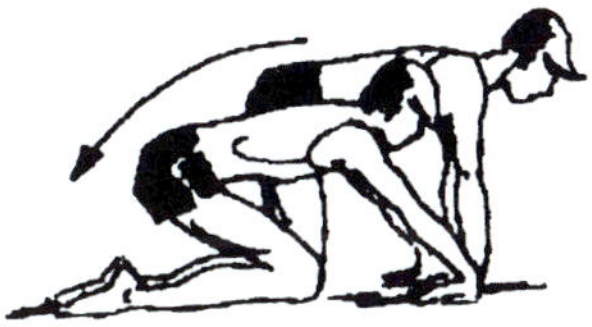
Rückenmuskulatur	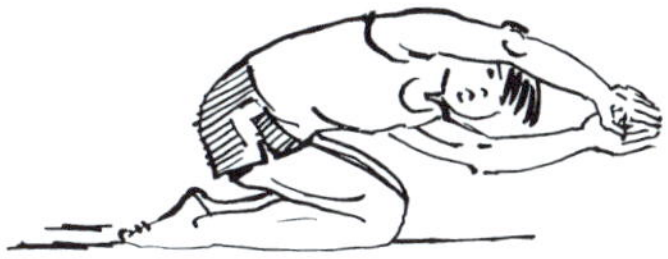	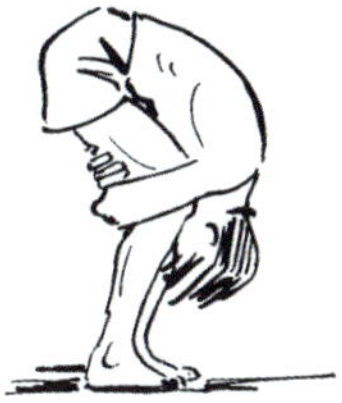
Schultergürtel- Rücken-Becken- stabilisation	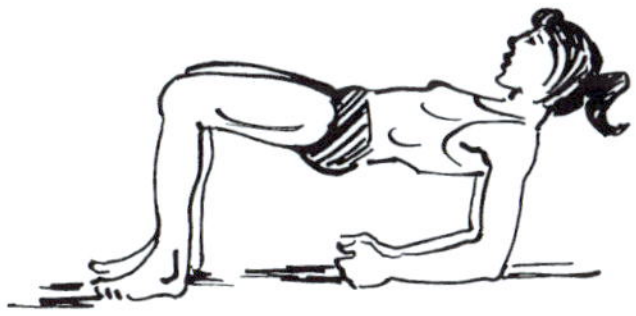	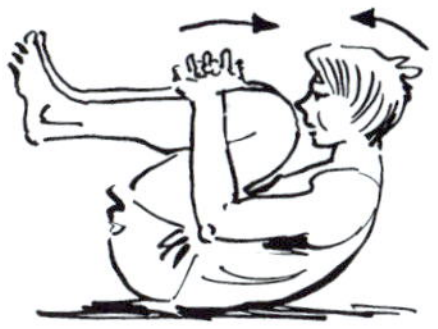
Gesäßmuskulatur	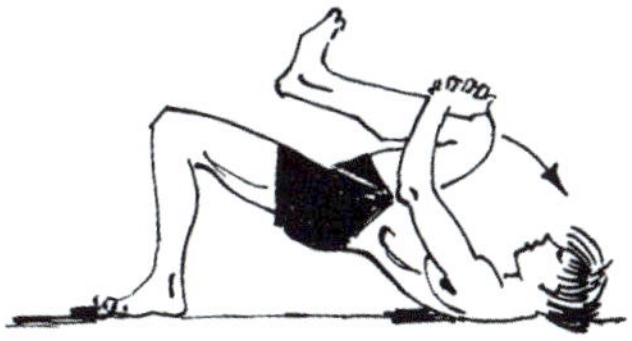	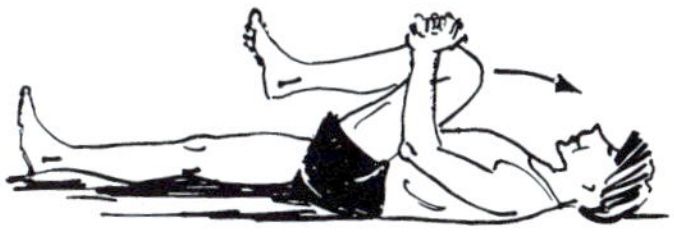
Beckenstabilisation	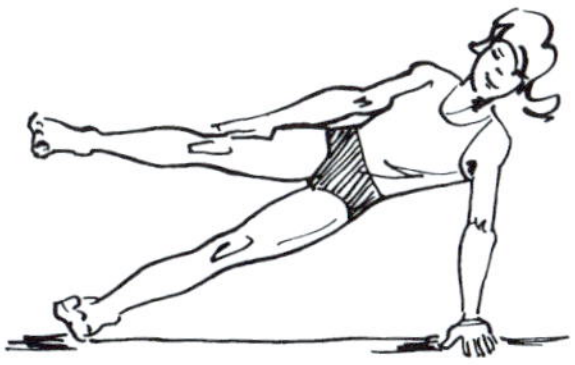	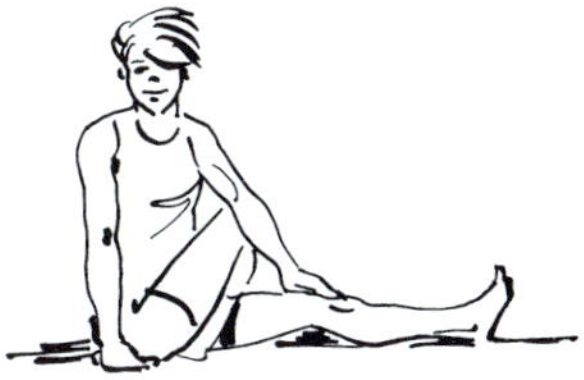

Allgemeines Programm Kräftigung

Muskulatur Übungsinhalt	Übungsausführung einfach	 mittel
Schultergürtel-stabilisation	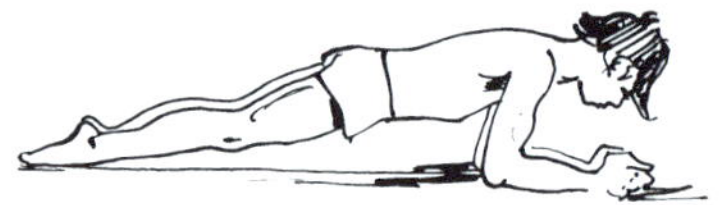	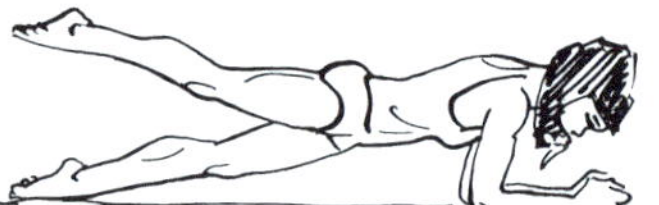
Gesäßmuskulatur	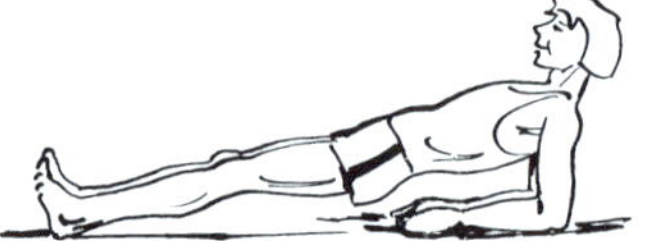	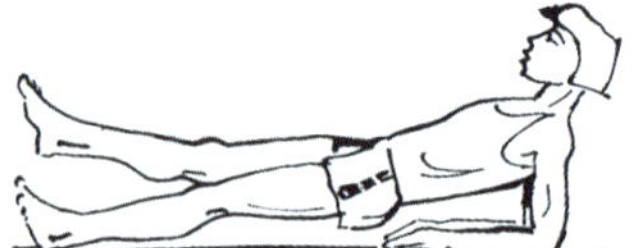
Beckenstabilisation	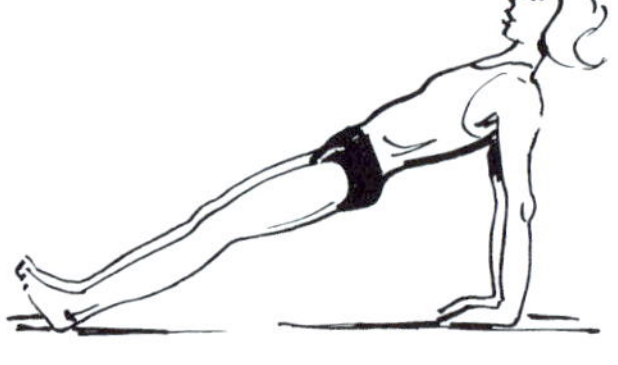	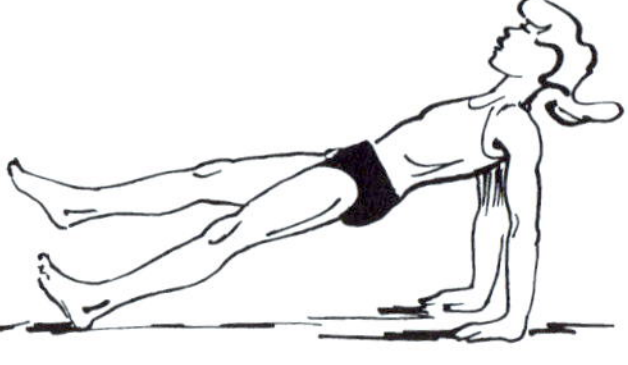
Beinmuskulatur	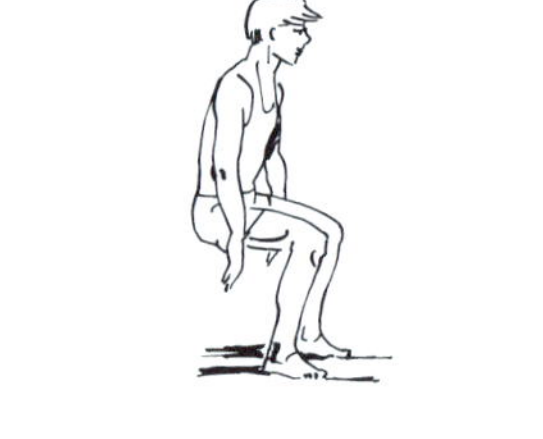	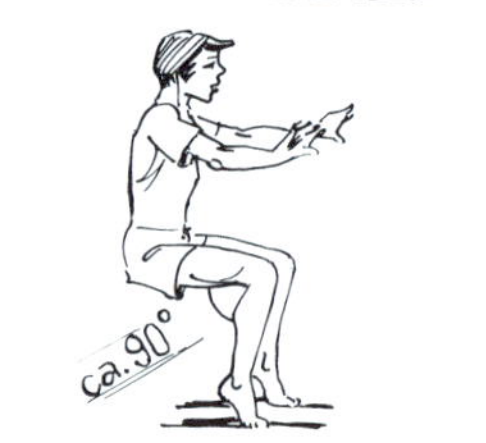
Beinvariation	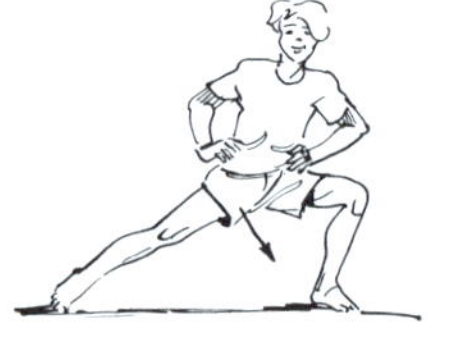	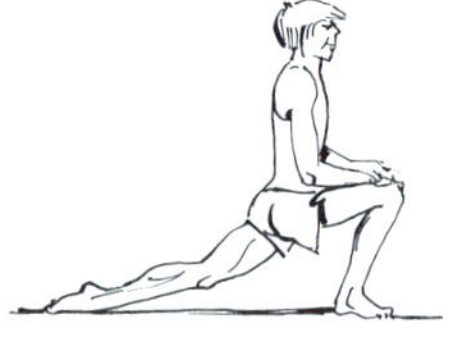
Sprungmuskulatur	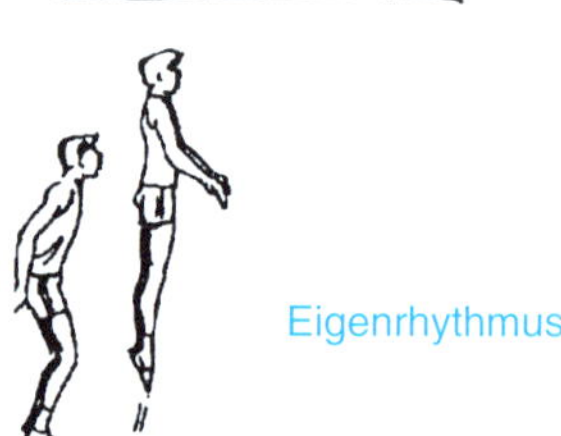 Eigenrhythmus	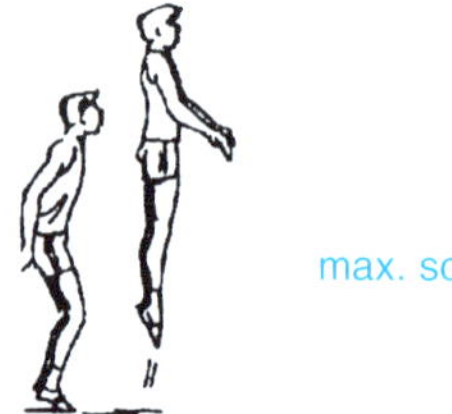 max. schnell

Allgemeines Programm Kräftigung

Muskulatur Übungsinhalt	Übungsausführung schwer	Dehnung
Schultergürtel-stabilisation	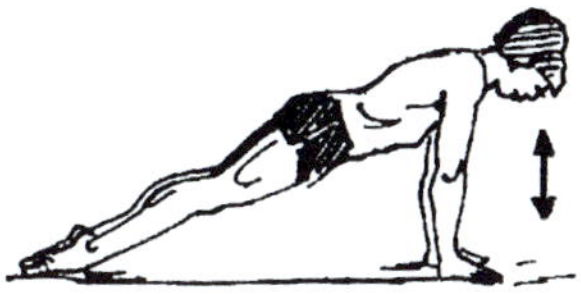	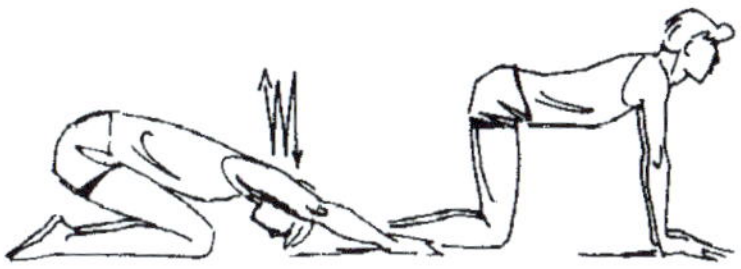
Gesäßmuskulatur	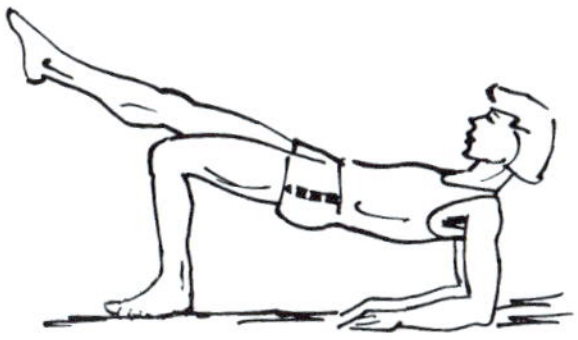	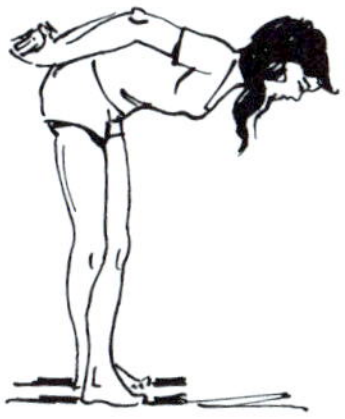
Beckenstabilisation	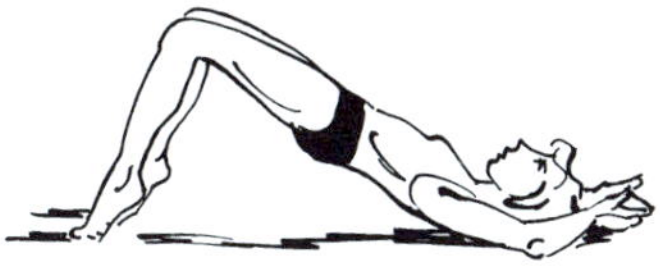	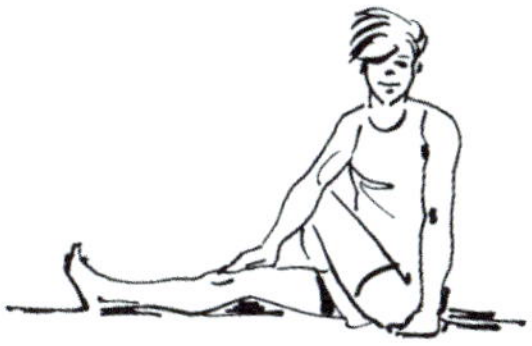
Beinmuskulatur	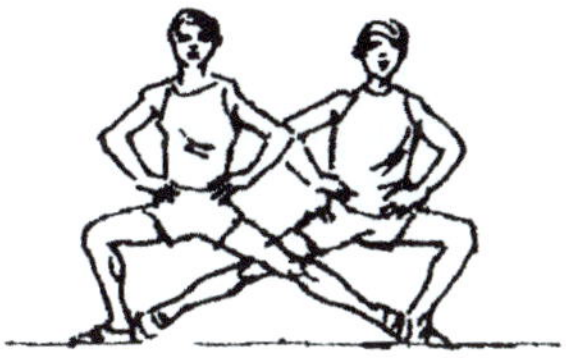	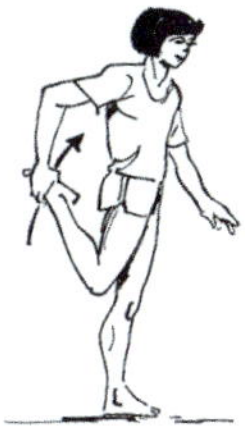
Beinvariation	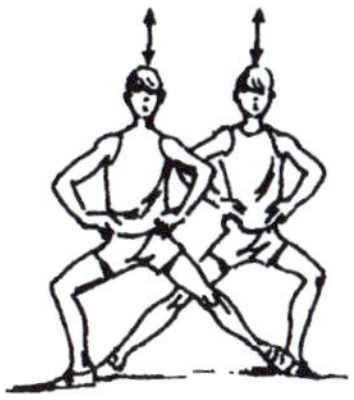	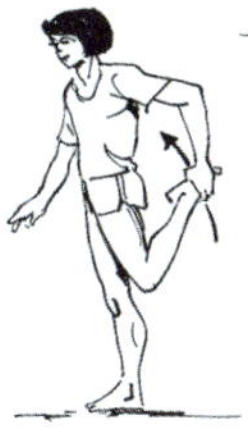
Sprungmuskulatur	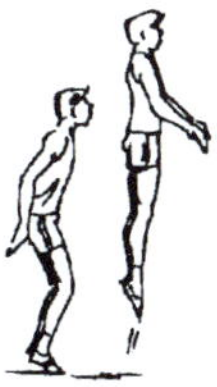 max. hoch	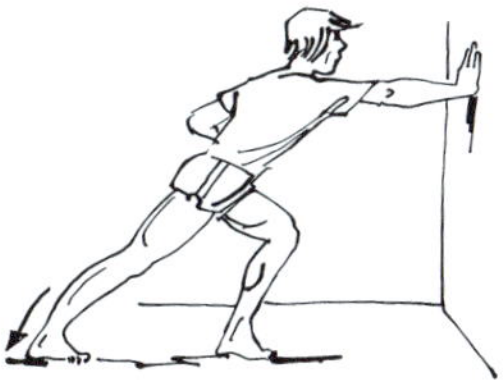

6 Unterrichtspraktische Beispiele

Torwartschulung

Wir kombinieren Torschussspiele mit der Torwartschulung

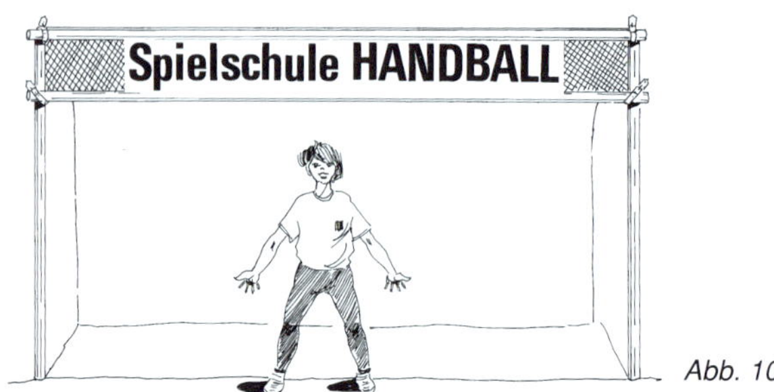

Abb. 104

Wir werfen in Wurfserien kurz hintereinander.

Wir werfen aus unterschiedlicher Entfernung.

Wir werfen von unterschiedlichen Positionen.

Wir werfen in verschiedene Torecken.
(Wurfhöhe und Wurfecken wechseln)

Wir werfen aus dem Lauf.

Wir werfen aus dem Sprung

- einbeinig links,
- einbeinig rechts,
- beidbeinig.

Torwartabwehr

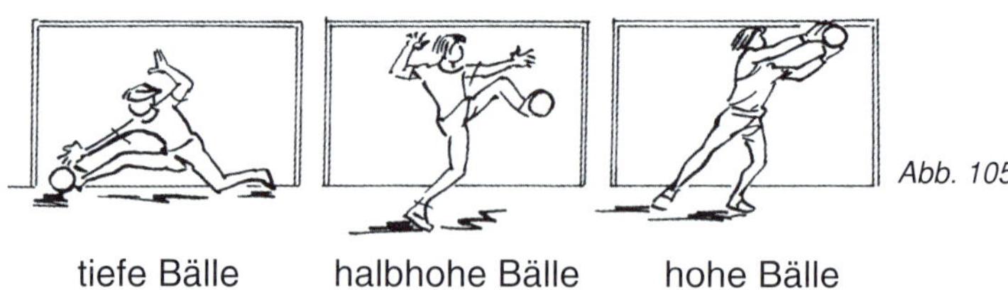

Abb. 105

tiefe Bälle | halbhohe Bälle | hohe Bälle

Die Vertiefung der Torwartschulung ist nur in der Handball-AG, im Kurssystem bzw. bei der Kooperation Schule und Verein sinnvoll.
Auf Wurf- oder Treffballspiele mit unterschiedlichen Zielen wird bewusst verzichtet. Die aufgezeigten Spielformen sollten Vorrang haben vor Spiel- und Übungsformen wie Burgball, Sautreiben, Kreishetzball, Wanderball,...

6.3 Stundenbilder

Empfehlungen zur zeitlichen und inhaltlichen Gewichtung einer Spielstunde in grafischer Darstellung (Abb. 106):

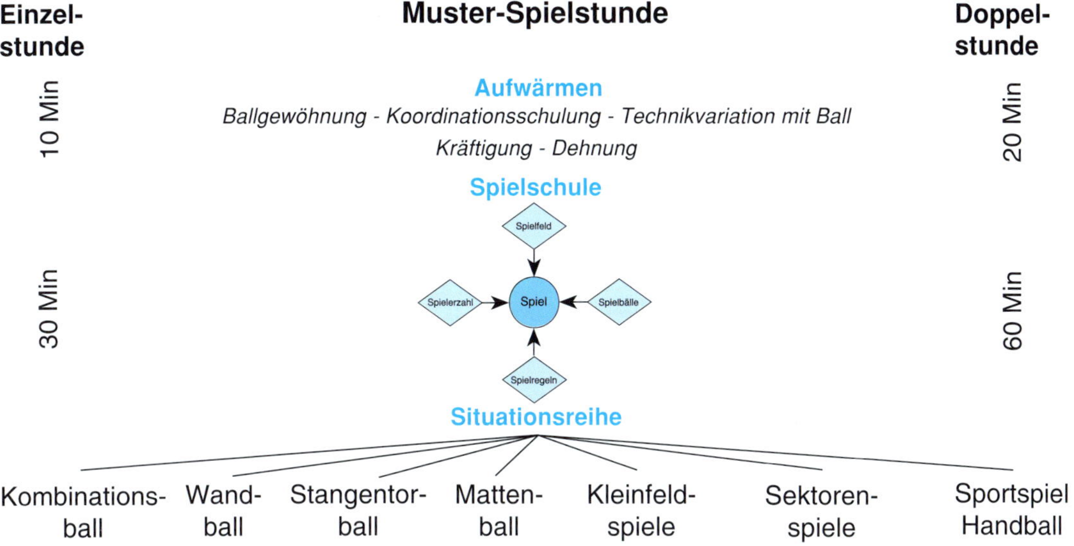

Abb. 106

Beispiele für den Stundenteil "Aufwärmen" sind:

- zur Ballgewöhnung Koordinationsschulung und Technikvariation mit Ball im Kapitel 6.1

- zur Kräftigung und Dehnung im Kapitel 6.2 dargestellt.

Die Beispiele können ganz nach Belieben-zusammengestellt werden.

Im Hauptteil der Stunde selbst sollte nur gespielt werden.

Die Spielformen sind beliebig aus den Spielen der Situationsreihe zu entnehmen und können den räumlichen Gegebenheiten sowie dem Könnensstand der Klasse leicht angepasst werden.

7 Außerunterrichtliche Veranstaltungen

7.1 Wettspiele im Schulsport

Neben dem verbindlichen Sportunterricht haben zusätzliche Spielangebote für das Handballspielen in der Schule höchste Bedeutung. Außerunterrichtliche Veranstaltungen bilden die Brücke zwischen dem Handballspielen innerhalb und außerhalb der Schule.
Die Kooperation Schule und Verein hat hierbei einen hohen Stellenwert. Nicht nur die Schule und der Verein sollten dabei betroffen sein, sondern ganz besonders wichtig ist das Einbeziehen des Elternhauses.
Der Schulsport allein kann die vielfältigen Aufgaben und Ziele nicht erfüllen.
Der Leistungs- und Wettkampfgedanke als Mannschaftswettbewerb sollte durch außerunterrichtliche Spielangebote vorangetrieben werden

Klassenwettkämpfe - Schulturniere - Schulsporttage - Dorf- oder Stadtmeisterschaften bis hin zur Teilnahme am Wettbewerb "Jugend trainiert für Olympia" sind die breite Palette von wertvollen und beliebten Handballereignissen.

Klassenspiele und Handball-Schulturniere bilden die sportliche Basis der Handball-Schulsport-Pyramide. Die Schüler sollten bei der Planung und Organisation dieser Schulveranstaltungen einbezogen werden.
Bewährt hat sich die Zusammenarbeit von Sportlehrern und der Schülermitverantwortung (SMV), sowie mit Schülern, die über Vereinserfahrung verfügen.

Die schulfreien Samstage sind für die Durchführung besonders geeignet. Die Teilnehmerzahlen und die Begeisterung der Schüler zeigen, wie wichtig solche Turnierveranstaltungen sind.
Jedes Handballturnier braucht jedoch einen würdigen Rahmen.

Die Begrüßung aller Teilnehmer, die Bekanntgabe des organisatorischen Ablaufes sowie eine echte Siegerehrung gehören einfach dazu.

Der Schulleiter und ein Repräsentant des örtlichen Handballvereins sollten vorbeischauen und am besten die Siegerehrung selbst vornehmen.

Örtliche Sponsoren lassen sich immer finden, um die Leistungen der Schüler zu honorieren. Die Schüler wollen, daß die Öffentlichkeit und alle am Schulleben Beteiligten von ihren Leistungen erfahren (örtliche Presse, Info Schwarzes Brett, Schulzeitschrift...). Diejenigen, die mit Engagement das Handballturnier organisiert haben, dürfen nicht vergessen werden!

Die Spitze der Pyramide Handball in der Schule bildet sicherlich der Mannschaftswettbewerb "Jugend trainiert für Olympia".

Bei allen Wettbewerben ist oberstes Gebot:

FAIR PLAY- Mach mit!

Mitspielen mit Hand und Ball können alle Schüler.
Dabeisein ist alles.

7 Außerunterrichtliche Veranstaltungen

Empfehlungen zur Turnierbestimmung

- alle Klassen und alle Schüler können teilnehmen
- Klassen können auch mehrere Mannschaften melden
- Meldungen sind abzugeben bis:
- Organisator:

- Alterseinteilungen:

Wettkampf I / Jahrgang: 19...
Wettkampf II / Jahrgang: 19...
Wettkampf III/ Jahrgang: 19...
Wettkampf IV/ Jahrgang: 19...

- gespielt wird in reinen
  Jungenmannschaften,
  Mädchenmannschaften oder
  Jungen und Mädchen zusammen.

Regelwerk:

Gespielt wird nach den Regeln des Deutschen Handball-Bundes, erhältlich bei:
DHB-Geschäftsstelle, Willy-Daume-Haus, Strobelallee 56, 44139 Dortmund

Mögliche Abweichungen:

- Die Spielzeit beträgt (mindestens) 2 x 10 Minuten.
- Die Mannschaften können beliebig viele Spieler einsetzen.
- Jeder Spieler darf nur in einer Mannschaft spielen.
- Bei Punktgleichheit erfolgt sofort 7m-Werfen (6 Feldspieler und 1 Torwart).
- Eine Mannschaft besteht aus
  3 Feldspielern und einem Torwart,
  4 Feldspielern und einem Torwart oder
  5 Feldspielern und einem Torwart
  (je nach Altersstufe).

- Während des Turniers kann gegen einen Spieler nur eine Strafzeit von 2 Min. vehängt werden. Die zweite Hinausstellung für 2 Min. bewirkt denTurnierausschluß.
- Die Mannschaft darf nach 2 Min. auf die volle Spielerzahl ergänzen.
- Die Turnierleitung nimmt Zeit. Sie führt Anspiel und Schlusspfiff aus.
- Zeitnahme für hinausgestellte Spieler mit separater Stoppuhr.
- Schüler, die die Schiedsrichterentscheidungen wiederholt kritisieren, den Schiedsrichter oder die Turnierleitung beleidigen, werden vom Turnier ausgeschlossen.
- Alle Schüler müssen Sportkleidung tragen!

7.2 Organisation eines Schulturniers

Die Bedeutung von schulinternen oder schulübergreifenden Turnieren muß deutlich herausgestellt werden.

Sie sind in der Schülerwelt das "Salz in der Suppe".
Gerade hier können Schüler sich entfalten und eine positive Einstellung zum sportlichen Wettkampf entwickeln.

Im folgenden sollen einfache Anregungen für die Organisation eines Handballturniers aufgezeigt werden.

In Turnieren, bei denen "Jeder gegen Jeden" spielen soll, ergibt sich folgende Anzahl an Spielen:

Mannschaften	Spiele
3	3
4	6
5	10
6	15
7	21
8	28

$$\frac{n}{2}\,(n-1) = \ldots \text{ Spiele}$$

$$\frac{6}{2}\,(6-1) = 15 \text{ Spiele}$$

n = teilnehmende Mannschaften

Teilnehmende Mannschaften sollten:

- keine langen Pausen haben;
- nicht zweimal hintereinander spielen müssen;
- einheitliche Trikot- oder Hemdfarben tragen;
- einen Mannschaftsführer benennen;
- ...

Checkliste Schulturnier

- verantwortlicher Sportlehrer ?
- Terminabsprache mit dem Schulleiter
- Terminabsprache Schulträger
- Hallenbelegung, Absprache mit Hausmeister
- Sicherheitsaspekte/Sanitäterdienst
- Rufnummer DRK/Notarzt
- Turnier schulintern/ Einladung an andere Schulen
- Benachrichtigung der Eltern und der örtlichen Vereine
- Kooperation Schule und Verein: Bälle, Tore, Schiedsrichter...
- Ausschreibung am "Schwarzen Brett"
- (Turnierplan, Spielregeln, Organisation, Meldeverfahren)
- Information der örtlichen Presse
- Werbeplakate in Schule und Gemeinde
- Einladungen an Ehrengäste
- Wer begrüßt?
- Wer führt die Siegerehrung durch?
- Wofür gibt es Preise? (FAIR PLAY, bester Spieler, beste Mannschaft, bester Torwart...)
- Sachpreise für die Teilnehmer und Siegerehrung
- Spielfeld, Markierungen, Tore, Sporttrikots, Bälle,
- 2 Stoppuhren für Zeitnehmer vorbereiten
- Tische, Stühle für die Turnierleitung
- Anzeigetafel/Turnierstand/Lautsprecheranlage/Megaphon)
- Einladungen Vertreter des öffentlichen Lebens
- bekannte Handballspieler oder Trainer der Region (sogar als Schiedsrichter?)
- Pausenverpflegung/Getränke

ERGEBNISTABELLE
FÜR 3 MANNSCHAFTEN

PLAZIERUNG	MANNSCHAFT / MANNSCHAFT							SUMME	
				TORE	PUNKTE	TORE	PUNKTE	TORE	PUNKTE
		TORE	PUNKTE			TORE	PUNKTE	TORE	PUNKTE
		TORE	PUNKTE	TORE	PUNKTE			TORE	PUNKTE

ERGEBNISTABELLE

FÜR 4 MANNSCHAFTEN

PLAZIERUNG	MANNSCHAFT / MANNSCHAFT									SUMME	
				TORE	PUNKTE	TORE	PUNKTE	TORE	PUNKTE	TORE	PUNKTE
		TORE	PUNKTE			TORE	PUNKTE	TORE	PUNKTE	TORE	PUNKTE
		TORE	PUNKTE	TORE	PUNKTE			TORE	PUNKTE	TORE	PUNKTE
		TORE	PUNKTE	TORE	PUNKTE	TORE	PUNKTE			TORE	PUNKTE

ERGEBNISTABELLE
FÜR 5 MANNSCHAFTEN

PLAZIE-RUNG	MANNSCHAFT / MANNSCHAFT											SUMME	
				TORE	PUNKTE	TORE	PUNKTE	TORE	PUNKTE	TORE	PUNKTE	TORE	PUNKTE
		TORE	PUNKTE			TORE	PUNKTE	TORE	PUNKTE	TORE	PUNKTE	TORE	PUNKTE
		TORE	PUNKTE	TORE	PUNKTE			TORE	PUNKTE	TORE	PUNKTE	TORE	PUNKTE
		TORE	PUNKTE	TORE	PUNKTE	TORE	PUNKTE			TORE	PUNKTE	TORE	PUNKTE
		TORE	PUNKTE	TORE	PUNKTE	TORE	PUNKTE	TORE	PUNKTE			TORE	PUNKTE

TURNIERPLAN

SPIEL - NR.:	UHRZEIT	SPIELPAARUNG	SPIELFELD	ERGEBNIS	PUNKTE

URKUNDE

HANDBALLTURNIER

hat

mit der Mannschaft:

den **Platz**

belegt.

Ort, Datum

Stempel

Sicherheitserziehung und Unfallverhütung

Alle Spielformen betonen FAIR PLAY, mannschaftliches Zusammenspiel und die Erziehung zur Selbständigkeit.
Die Beispiele basieren auf einem pädagogisch vertretbaren Risiko.
Die Erziehung der Schüler zu geordnetem, umsichtigem und mitverantwortlichem Verhalten ist eine wichtige Vorsorge gegen Verletzungen.

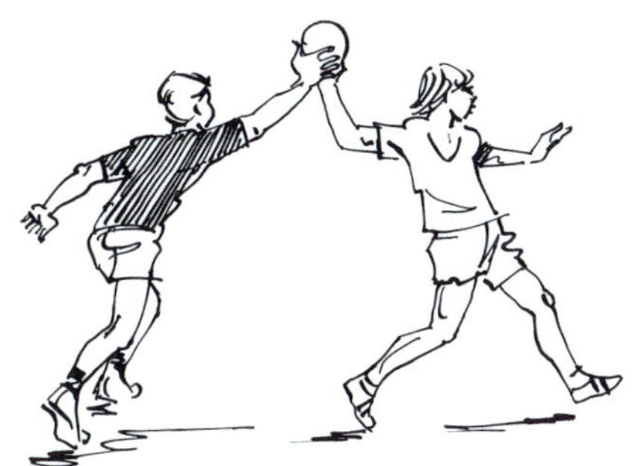

Abb. 107

Eine gezielte physische und psychische Vorbereitung in der Aufwärmphase (vor allem Ballgewöhnung-Kräftigung-Dehnung) ist ebenso wichtig zur Unfallverhütung wie die konsequente Regelumsetzung durch den Schiedsrichter.

Viele Unfälle im Sportunterricht sind u.a. auf Mängel in der Aufwärmphase zurückzuführen.
Die Aufwärmphase hat neben der Ballgewöhnung und Technikvariation die wichtige Aufgabe, den Körper auf die kommende Belastung vorzubereiten, Unfälle zu vermeiden und die physisch-psychische Leistungsbereitschaft der Schüler herzustellen.

Die Kräftigung und Dehnung der Hauptmuskelgruppen, vor allem der wichtigsten und im folgenden Stundenteil besonders beanspruchten Muskelgruppen, stehen dabei im Vordergrund.

Beachte: Im Schüler- und Jugendbereich ist der Kräftigung meistens die größere Bedeutung beizumessen. Die Stabilisierungsübungen „stabilisieren“ die Körpergrundspannung.

Sinnvoll ist, die Schüler zur Selbständigkeit und Mitverantwortung für diesen Stundenteil zu erziehen und mit ihnen Teile des Aufwärmprogramms zu erarbeiten. Bewährt hat sich, einzelne Übungen auf Schüler zu übertragen, damit die Schüler in der Lage sind, diesen Stundenteil individuell oder in der Gesamtgruppe selbständig durchzuführen.

Der Lehrer überwacht dabei die korrekten Ausführungen und gibt bei Bedarf Korrekturhilfen.

- Haltedauer oder Anzahl der Wiederholungen bei den Kräftigungsübungen angeben,
- Leistungsdifferenzierung vornehmen (Anzahl, Dauer, Schwierigkeit),
- Überforderung bewirkt meistens falsche Ausführung,
- passives Stretching verschlechtert die Schnellkraftleistung,
- aktiv dynamisches Dehnen ist empfehlenswert, um Leistungseinbußen zu vermeiden,
- Grundprinzip:

  Anspannung – Entspannung – Dehnung

  durchgehend beibehalten.

Anhang

Beispiele sind im Kapitel 6.2 zu finden. Alle Beispiele haben nur exemplarischen Charakter und verstehen sich im Zusammenhang mit der Praxis.

Insbesondere ist aus Sicherheitsgründen zu achten auf:

- umherliegende Gegenstände/Bälle sichern,
- funktionsgerechte Sportkleidung,
- gefährdende Gegenstände (Uhren, Schmuck...ablegen lassen),
- Spielfeldmarkierungen und Tore,
- angemessener Spielball,
- physische und/oder psychische Überforderung,
- Aggressivität und Konflikte im Spiel,
- deutlich farbliche Kennzeichnung der Mannschaften,
- sportschwache und risikofreudige Schüler.

Fair geht vor !

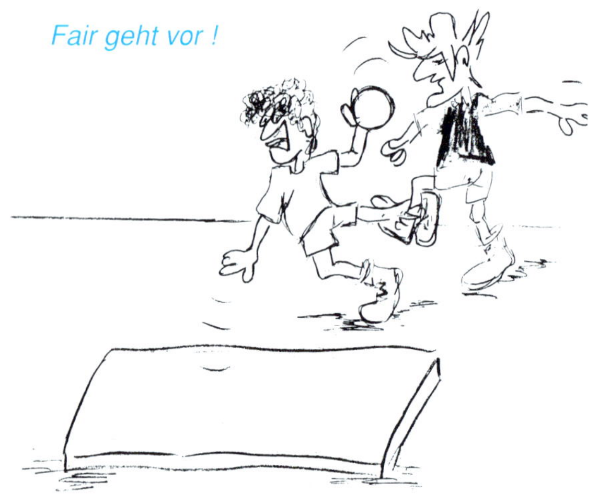

Abb. 108

Spiel den Ball und nicht den Mann !

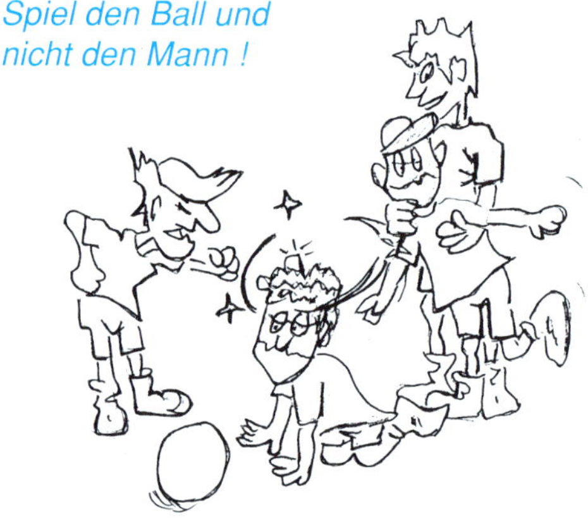

Abb. 109

Sichere Ballannahme schüzt vor Verletzung:
- Ball aktiv "ansaugen", zum Körper bringen und sichern,
- Handinnenflächen zeigen zum Ball,
- Finger locker spreizen,
- Daumen und Finger bilden "Fangtrichter".

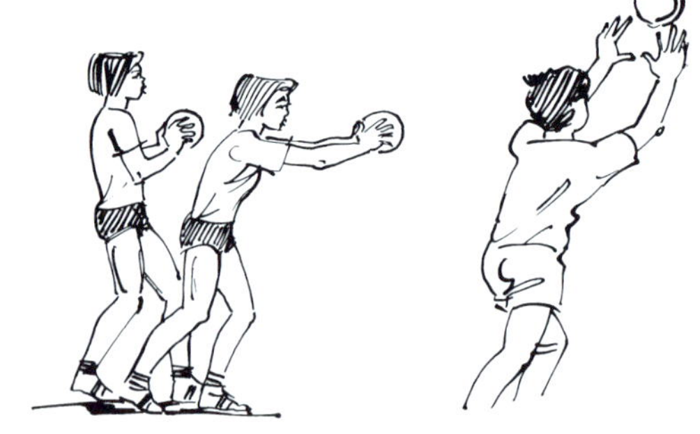

Abb. 110 *Abb. 111*

Empfehlung:
Fangen und Werfen sollten nur in der Bewegung mit unterschiedlichsten Aufgabenstellungen geschult werden. Der aufsteigende Ball (Bodenpass) kann leichter angenommen und gesichert werden.

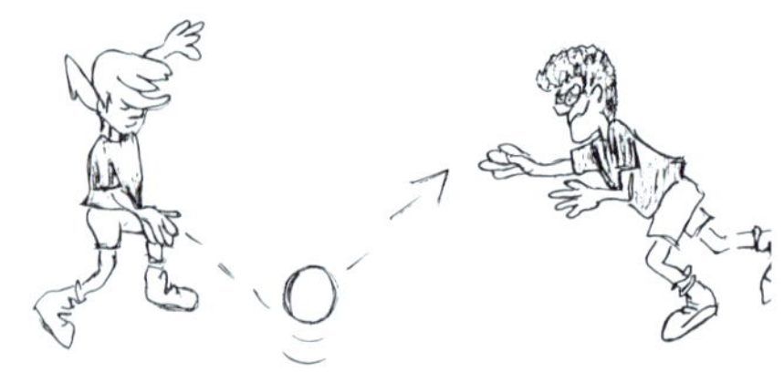

Einführung in die Spielregeln

Auszüge aus dem Regelwerk

(Beratung: Manfred Prause, Präsident der Regel- und Schiedsrichterkommission der Internationalen Handball Federation)

Spielregeln, IHF-Handzeichen, Erläuterungen zu den Spielregeln

Regel 1

Die Spielfläche

1:1 Die Spielfläche (Abb. 1) ist ein Rechteck von 40 m Länge und 20 m Breite und umfasst zwei Torräume (Regel 6) und ein Spielfeld. Die Längsseiten heißen Seitenlinien, die Breitseiten Toruslinien, zwischen den Torpfosten jedoch Torlinien.

Eine Sicherheitszone entlang der Spielfläche von mindestens 1 m neben den Seitenlinien und 2 m hinter den Toruslinien sollte gegeben sein.

Die Beschaffenheit der Spielfläche darf im Spielverlauf nicht zugunsten einer Mannschaft verändert werden.

1:3 Alle Linien auf der Spielfläche sind integraler Bestandteil des Bereichs, den sie begrenzen.

Anhang

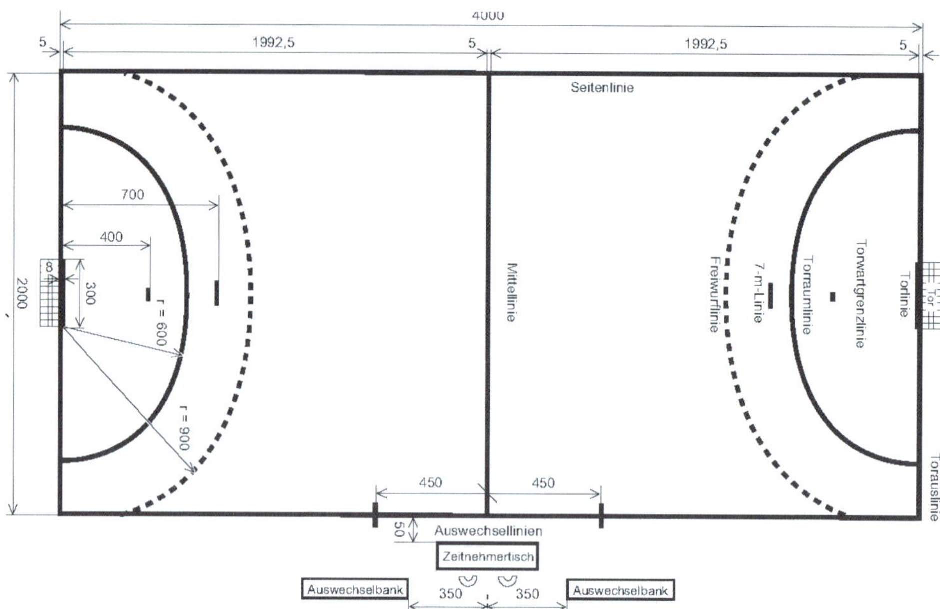

Regel 2

Spielzeit, Schlusssignal, Time-out

Spielzeit

2:1 Die normale Spielzeit für alle Mannschaften mit Spielern ab 16 Jahren und älter beträgt 2 x 30 Minuten; die Halbzeitpause normalerweise 10 Minuten.

Die normale Spielzeit für Jugendmannschaften von 12-16 Jahren beträgt 2 x 25 Minuten, für Jugendmannschaften von 8-12 Jahren 2 x 20 Minuten; die Halbzeitpausen normalerweise 10 Minuten.

2:2 Ist ein Spiel nach Ablauf der regulären Spielzeit unentschieden und soll bis zur Entscheidung weitergespielt werden, erfolgt nach einer Pause von 5 Minuten eine Verlängerung. Die Verlängerung dauert 2 x 5 Minuten mit 1 Minute Halbzeitpause.

Ist das Spiel nach einer ersten Verlängerung noch nicht entschieden, erfolgt nach einer Pause von 5 Minuten eine zweite Verlängerung von 2 x 5 Minuten mit 1 Minute Halbzeitpause.

Fällt auch hier keine Entscheidung, ist der Gewinner im Einklang mit den Bestimmungen des betreffenden Wettbewerbs zu ermitteln. Ist die Entscheidung durch 7-m-Werfen herbeizuführen, gelten die Bestimmungen des folgenden Kommentars.

Kommentar:
Am 7-m-Werfen dürfen hinausgestellte oder disqualifizierte Spieler nicht teilnehmen (beachte auch Regel 4:1 Abs. 4). Jede Mannschaft benennt 5 Spieler. Diese Spieler führen im Wechsel mit der anderen Mannschaft je einen Wurf aus. Die Reihenfolge der Werfer ist den Mannschaften freigestellt. Die Torwarte dürfen frei gewählt und gegen einen anderen zur Teilnahme berechtigten Spieler ausgewechselt

werden. Spieler dürfen sowohl als Werfer als auch als Torwart eingesetzt werden.

Die Schiedsrichter bestimmen das Tor, auf das geworfen wird. Die Mannschaft, die das Losen gewinnt, entscheidet, ob sie oder die andere Mannschaft mit dem Werfen beginnt. Bei Gleichstand nach dem ersten Durchgang beginnt die andere Mannschaft mit der Fortsetzung des 7-m-Werfens.

Für diese Fortsetzung benennt jede Mannschaft wiederum 5 Spieler. Hierbei dürfen dieselben Spieler wie beim ersten Durchgang benannt werden, auch ein Wechsel einzelner oder aller Spieler ist möglich. Diese Regelung ist bis zur endgültigen Entscheidung anzuwenden. Ein Sieger steht jedoch bereits fest, wenn eine Mannschaft nach einem Wurfwechsel in Führung liegt.
Spieler können von der weiteren Teilnahme wegen besonderer oder wiederholter Unsportlichkeit disqualifiziert werden (16:6e). Handelt es sich hierbei um einen der 5 benannten Spieler, kann die Mannschaft einen anderen Spieler benennen.

Schlusssignal

2:3 Die Spielzeit beginnt mit dem Anpfiff des Anwurfs durch einen Schiedsrichter und endet mit dem automatischen Schlusssignal der öffentlichen Zeitmessanlage oder dem Schlusssignal des Zeitnehmers. Ertönt kein derartiges Signal, pfeift der Schiedsrichter, um anzuzeigen, dass die Spielzeit abgelaufen ist (17:9).

Kommentar:
Sollte keine öffentliche Zeitmessanlage mit automatischem Schlusssignal vorhanden sein, bedient sich der Zeitnehmer einer Tisch- oder Handstoppuhr und beendet das Spiel mit dem Schlusssignal.

2:4 Regelwidrigkeiten und unsportliches Verhalten vor oder mit dem Ertönen des Schlusssignals (bei Halbzeit- oder Spielende bzw. zum Ende der Halbzeiten einer Verlängerung) sind zu ahnden, auch wenn die Ausführung des Freiwurfs (nach Regel 13:1) oder 7-m-Wurfs nicht vor dem Schlusssignal erfolgen kann.

Ertönt das Schlusssignal, wenn ein Frei- oder 7-m-Wurf noch auszuführen ist oder der Ball sich nach einem solchen Wurf noch in der Luft befindet, ist dieser Wurf ebenfalls zu wiederholen.

In beiden Fällen beenden die Schiedsrichter das Spiel erst, wenn der Freiwurf oder 7-m-Wurf ausgeführt oder wiederholt wurde und das Ergebnis dieses Wurfes feststeht.

2:7 Stellen die Schiedsrichter fest, dass der Zeitnehmer das Spiel zu früh mit dem Schlusssignal (Halbzeit, Ende des Spiels oder der Verlängerungen) beendet hat, sind sie verpflichtet, die Spieler auf der Spielfläche zu behalten und die verbleibende Spielzeit nachspielen zu lassen.

Bei der Wiederaufnahme des Spiels bleibt die Mannschaft in Ballbesitz, die zum Zeitpunkt des zu früh ertönten Signals im Ballbesitz gewesen ist. War der Ball nicht im Spiel, wird das Spiel mit dem der Spielsituation entsprechenden Wurf fortgesetzt, andernfalls laut Regel 13:4 a-b mit Freiwurf.

Ist die 1. Halbzeit eines Spiels (oder einer Verlängerung) zu spät beendet worden, muss die 2. Halbzeit um die entsprechende Zeit verkürzt werden. Ist die 2. Halbzeit eines Spiels (oder einer Verlängerung) zu spät beendet worden, können die Schiedsrichter nichts mehr an der Situation ändern.

Time-out

2:8 Die Schiedsrichter entscheiden, wann und wie lange die Spielzeit unterbrochen wird („Time-out").

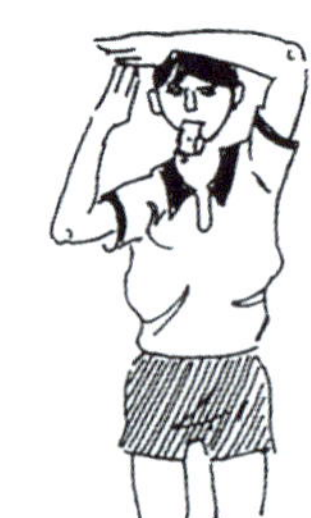

Spielzeitunterbrechung

In folgenden Situationen ist ein Time-out verbindlich:

a) Hinausstellung oder Disqualifikation
b) Team-Time-out
c) Pfiff vom Zeitnehmer oder Technischen Delegierten
d) notwendige Rücksprache zwischen den Schiedsrichtern entsprechend Regel 17:7

Regelwidrigkeiten während eines Time-out haben die gleichen Folgen wie Regelwidrigkeiten während der Spielzeit (16:10).

2:9 Bei einem Time-out entscheiden grundsätzlich die Schiedsrichter, wann die Uhr anzuhalten und wieder in Gang zu setzen ist.

Die Spielzeitunterbrechung ist dem Zeitnehmer durch drei kurze Pfiffe und Handzeichen 15 anzuzeigen.

Erfolgt die Spielunterbrechung jedoch durch Signal des Zeitnehmers oder Delegierten (2:8b-c), muss der Zeitnehmer die Uhr sofort, ohne Bestätigung durch die Schiedsrichter, anhalten.

Nach einem Time-out muss das Spiel durch Anpfiff wiederaufgenommen werden.

Kommentar:
Ein Signal des Zeitnehmers/Delegierten unterbricht das Spiel. Auch wenn die Schiedsrichter (und die Spieler) nicht sofort wahrnehmen, dass das Spiel unterbrochen ist, ist jede Handlung auf der Spielfläche nach dem Signal ungültig, also auch ein nach dem Signal gefallenes Tor. Ebenso ist eine Wurfentscheidung für eine Mannschaft (7-m-Wurf, Freiwurf, Einwurf, Anwurf oder Abwurf) ungültig. Das Spiel ist entsprechend der zum Zeitpunkt des Signals gegebenen Situation wieder aufzunehmen. Hauptgründe für ein Signal des Zeitnehmers/Delegierten sind ein beantragtes Team-Time-out oder ein Wechselfehler.
Persönliche Strafen, die die Schiedsrichter zwischen dem Signal des Zeitnehmers/Delegierten und der Wahrnehmung ausgesprochen haben, bleiben gültig, unabhängig von der Art des Vergehens und der Art der Strafe.

2:10 Jede Mannschaft hat pro Halbzeit (ausgenommen Verlängerungen) Anspruch auf ein Team-Time-out von einer Minute Länge (Erläuterung 3).

Regel 3

Der Ball

3:1 Der Ball besteht aus einer Leder- oder Kunststoffhülle. Er muss rund sein. Das Außenmaterial darf nicht glänzend oder glatt sein.

3:2 Die einzelnen Mannschaftskategorien müssen folgende Ballgrößen, d.h. Umfang und Gewicht verwenden:

- 58-60 cm und 425-475 g (IHF-Größe 3) für Männer und männliche Jugend (16 Jahre und älter);
- 54-56 cm und 325-375 g (IHF-Größe 2) für Frauen, weibliche Jugend (14 Jahre und älter) und männliche Jugend (12 bis 16 Jahre);
- 50-52 cm und 290-330 g (IHF-Größe 1) für weibliche Jugend (8 bis 14 Jahre) und männliche Jugend (8 bis 12 Jahre).

Kommentar:
Das „IHF-Ballreglement“ umfasst die technischen Anforderungen für Bälle, die bei allen offiziellen internationalen Spielen eingesetzt werden.
Diese Spielregeln beinhalten nicht Größe und Gewicht von Bällen für den „Mini-Handball“. Vgl. www.dhb.de (Minihandball, DHB Sportabzeichen)

Regel 4

Mannschaften, Spielerwechsel, Ausrüstung, Spielerverletzung

4:1 Eine Mannschaft besteht aus bis zu 14 Spielern.

Auf der Spielfläche dürfen sich gleichzeitig höchstens 7 Spieler befinden. Die übrigen Spieler sind Auswechselspieler.

Die Mannschaft muss während des gesamten Spielverlaufs einen Spieler auf der Spielfläche als Torwart kennzeichnen. Ein Spieler, der als Torwart gekennzeichnet ist, kann jederzeit die Position als Feldspieler einnehmen (beachte jedoch Regel 8:5 Kommentar Absatz 2). Ebenso kann ein Feldspieler jederzeit die Position des Torwarts einnehmen (beachte Regeln 4:4 und 4:7).

Zu Spielbeginn müssen wenigstens 5 Spieler auf der Spielfläche antreten.

Die Anzahl der Spieler einer Mannschaft darf im Spielverlauf – einschließlich der Verlängerungen – jederzeit auf bis zu 14 Spieler ergänzt werden.

Sinkt die Anzahl der Spieler einer Mannschaft auf der Spielfläche unter 5, kann weitergespielt werden. Es liegt im Ermessen des Schiedsrichters, ob und wann ein Spiel abzubrechen ist (17:12).

4:2 Eine Mannschaft darf im Spielverlauf höchstens 4 Mannschaftsoffizielle einsetzen. Diese dürfen während des Spiels nicht ausgewechselt werden. Einer von ihnen ist als „Mannschaftsverantwortlicher“ zu bezeichnen. Nur er ist berechtigt, Zeitnehmer/Sekretär und eventuell die Schiedsrichter anzusprechen (ausgenommen Erläuterung 3).

Im Allgemeinen ist ein Mannschaftsoffizieller nicht berechtigt, während des Spiels die Spielfläche zu betreten. Ein Verstoß gegen diese Regel ist als unsportliches Verhalten zu ahnden (8:7, 16:1b, 16:3d und 16:6c). Das Spiel wird mit einem Freiwurf für die gegnerische Mannschaft fortgesetzt (13:1a-b; Erläuterung 7).

Der Mannschaftsverantwortliche ist dafür verantwortlich, dass sich ab Spielbeginn im Auswechselraum keine anderen Personen als die eingetragenen Offiziellen (max. 4) und die teilnahmeberechtigten Spieler (4:3) befinden. Andernfalls ist er progressiv zu bestrafen (16:1b, 16:3d und 16:6c).

4:3 Ein Spieler oder Mannschaftsoffizieller ist teilnahmeberechtigt, wenn er beim Anpfiff anwesend und im Spielprotokoll eingetragen ist.

Nach Spielbeginn eintreffende Spieler/Mannschaftsoffizielle müssen vom Zeitnehmer/Sekretär in das Spielprotokoll eingetragen werden und erhalten damit die Teilnahmeberechtigung.

Ein teilnahmeberechtigter Spieler darf die Spielfläche jederzeit über seine eigene Auswechsellinie betreten (beachte Regeln 4:4 und 4:6).

Der Mannschaftsverantwortliche ist dafür verantwortlich, dass nur teilnahmeberechtigte Spieler die Spielfläche betreten. Andernfalls ist er wegen unsportlichen Verhaltens zu bestrafen (13:1a-b, 16:1b, 16:3d, 16:6c, Erläuterung 7).

Spielerwechsel

4:4 Auswechselspieler dürfen während des Spiels jederzeit und wiederholt (siehe jedoch Regel 2:5) ohne Meldung beim Zeitnehmer/Sekretär, eingesetzt werden, sofern die zu ersetzenden Spieler die Spielfläche verlassen haben (4:5).

Das Ein- und Auswechseln von Spielern darf nur über die eigene Auswechsellinie erfolgen (4:5). Dies gilt auch für den Torwartwechsel (4:7 und 14:10).

Die Auswechselregeln gelten auch bei Time-out (ausgenommen Team-Time-out).

Kommentar:
Sinn der Auswechsellinie ist es, ein korrektes Auswechseln sicherzustellen, nicht aber, Spieler zu bestrafen, die die Seiten- oder die Torauslinie ohne Vorteilsabsicht überschreiten (z.B. um Wasser oder das Handtuch direkt neben der Auswechsellinie zu holen oder die Spielfläche nach einer Hinausstellung auf sportliche Weise außerhalb der eigenen Auswechselraummarkierung zu verlassen). Taktisches und nicht erlaubtes Verlassen wird in Regel 7:10 behandelt.

4:5 Ein Wechselfehler ist mit einer Hinausstellung für den fehlbaren Spieler zu ahnden. Begehen mehrere Spieler einer Mannschaft in der gleichen Situation einen Wechselfehler, so ist nur der erste Spieler, der eine Regelwidrigkeit begeht, zu bestrafen.

Das Spiel wird mit Freiwurf für die gegnerische Mannschaft fortgesetzt (13:1a-b, Erläuterung 7).

4:6 Betritt ein zusätzlicher Spieler die Spielfläche ohne Auswechselung oder greift ein Spieler unberechtigt vom Auswechselraum aus in das Spielgeschehen ein, erhält dieser Spieler eine Hinausstellung. Die Mannschaft muss für die folgenden 2 Minuten um einen Spieler auf der Spielfläche reduziert werden.

Betritt ein hinausgestellter Spieler während seiner Hinausstellungszeit die Spielfläche, erhält er erneut eine Hinausstellung, die sofort beginnt, und die Mannschaft muss für die Restzeit der ersten Hinausstellung auf der Spielfläche um einen weiteren Spieler reduziert werden.

Das Spiel wird in beiden Fällen mit einem Freiwurf für die gegnerische Mannschaft fortgesetzt (13:1a-b, Erläuterung 7).

Ausrüstung

4:7 Alle Feldspieler einer Mannschaft müssen einheitliche Spielkleidung tragen. Die Kombinationen von Farbe und Design der beiden Mannschaften müssen sich deutlich voneinander unterscheiden. Alle als Torwart eingesetzten Spieler einer Mannschaft müssen eine identische Farbe tragen, die sich von den Farben der Feldspieler beider Mannschaften und der Torwarte der anderen Mannschaft deutlich unterscheidet.

4:8 Die Spieler müssen auf der Trikotrückseite mindestens 20 cm und auf der Trikotvorderseite mindestens 10 cm hohe sichtbare Ziffern haben. Dabei muss es sich um Ziffern von 1 bis 99 handeln. Spieler, die zwischen Feldspieler und Torwartposition wechseln, müssen die gleiche Nummer benutzen.
Die Farbe der Ziffern muss sich deutlich von Farbe und Design der Spielkleidung abheben.

4:9 Die Spieler müssen Sportschuhe tragen.

Das Tragen von Gegenständen, die die Spieler gefährden könnten, ist nicht erlaubt. Dies betrifft z.B. Kopfschutz, Gesichtsmaske, Armbänder, Armbanduhren, Ringe, sichtbares Piercing, Halsketten oder Ketten, Ohrschmuck, Brillen ohne Haltebänder oder mit festen Gestellen sowie alle anderen Gegenstände, die eine Gefährdung darstellen könnten.
Spieler, die solche gefährlichen Gegenstände tragen/an sich haben, dürfen nicht mitspielen.

Flache Ringe, kleine Ohrringe und Piercing sind erlaubt, wenn sie abgedeckt sind und Spieler nicht gefährden. Das Tragen von Stirnbändern, Kopftüchern und Kapitänsbinden aus weichem, elastischem Material ist erlaubt.

Spielerverletzung

4:10 Blutet ein Spieler oder hat ein Spieler Blut am Körper oder an der Spielkleidung, muss er die Spielfläche umgehend und von sich aus (durch eine reguläre Auswechslung) verlassen, um die Blutung zu stoppen, die Wunde abzudecken und Körper und Spielkleidung zu reinigen. Erst dann darf er die Spielfläche wieder betreten.

Ein Spieler, der im Zusammenhang mit dieser Bestimmung den Anweisungen der Schiedsrichter nicht Folge leistet, macht sich unsportlichen Verhaltens schuldig (8:7, 16:1b und 16:3d).

4:11 Im Falle einer Verletzung können die Schiedsrichter zwei teilnahmeberechtigten Personen der betreffenden Mannschaft bei Time-out die Erlaubnis erteilen, die Spielfläche zu betreten (Handzeichen 15 und 16), um den verletzten Spieler zu versorgen.

Wenn eine dritte oder weitere Personen sowie Personen der nicht betroffenen Mannschaft die Spielfläche betreten, ist dies im Falle von Spielern nach Regel 4:6 und 16:3a und im Falle von Offiziellen nach Regel 4:2, 16:1b, 16:3d und 16:6c. als unberechtigtes Eintreten zu ahnden. Wer die Spielfläche gemäß Regel 4:11 Abs. 1 mit Erlaubnis betritt, aber, anstatt den verletzten Spieler zu versorgen, Anweisungen an andere Spieler gibt, sich mit Gegnern oder Schiedsrichtern beschäftigt usw., ist wegen unsportlichen Verhaltens zu bestrafen (16:1b, 16:3d und 16:6c).

Regel 5

Der Torwart

Es ist dem Torwart erlaubt:

5:1 bei der Abwehr im Torraum den Ball mit allen Körperteilen zu berühren;

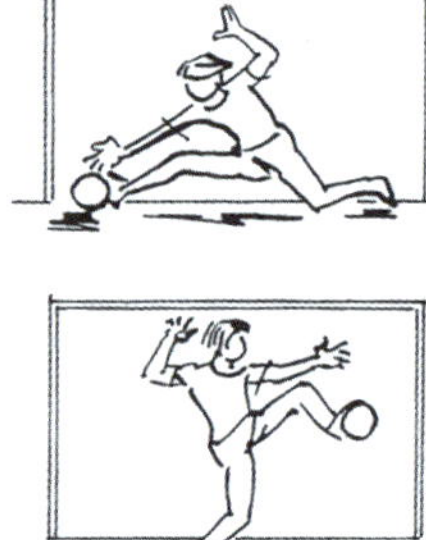

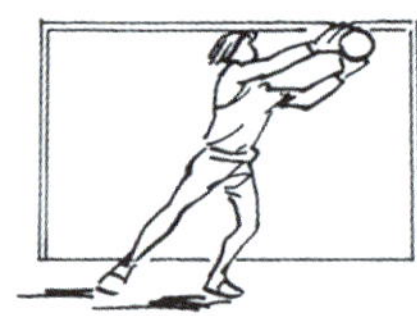

5:2 sich im Torraum mit dem Ball ungeachtet der für Feldspieler geltenden Einschränkungen (Regeln 7:2-4, 7:7) zu bewegen. Er darf jedoch die Ausführung des Abwurfs nicht verzögern (6:4-5, 12:2 und 15:5b);

5:3 den Torraum ohne Ball zu verlassen und im Spielfeld mitzuspielen. Er unterliegt in diesem Fall den Spielregeln für die im Feld spielenden Spieler (mit Ausnahme der Situation in Regel 8:5 Kommentar Absatz 2).

Der Torraum gilt als verlassen, sobald der Torwart mit irgendeinem Körperteil den Boden außerhalb der Torraumlinie berührt.

5:4 den Torraum mit dem nicht unter Kontrolle gebrachten Ball zu verlassen und ihn im Spielfeld weiterzuspielen.

Es ist dem Torwart nicht erlaubt:

5:5 bei der Abwehr den Gegenspieler zu gefährden (8:3, 8:5, 8:5 Kommentar, 13:1b);

5:6 den Torraum mit dem unter Kontrolle gebrachten Ball zu verlassen (6:1, 13:1a und 15:7 Abs. 3), wenn der Abwurf angepfiffen war, ansonsten Wiederholung des Abwurfs (15:7 Abs. 2); beachte jedoch die Vorteilsregel nach 15:7, wenn der Torwart den Ball verliert, nachdem er den Torraum mit dem Ball in der Hand verlassen hatte.

5:7 den außerhalb des Torraums am Boden liegenden oder rollenden Ball zu berühren, solange er sich im Torraum befindet (6:1, 13:1a);

5:8 den außerhalb des Torraums am Boden liegenden oder rollenden Ball in den Torraum hereinzuholen (6:1, 13:1a);

5:9 mit dem Ball vom Spielfeld in den Torraum zurückzugehen (6:1, 13:1a);

5:10 den sich in Richtung Spielfeld bewegenden Ball mit dem Unterschenkel oder Fuß zu berühren (13:1a);

Regel 6

Der Torraum

6:1 Der Torraum darf nur vom Torwart betreten werden. Der Torraum, zu dem auch die Torraumlinie gehört, gilt bereits als betreten, wenn er von einem Feldspieler mit irgendeinem Körperteil berührt wird.

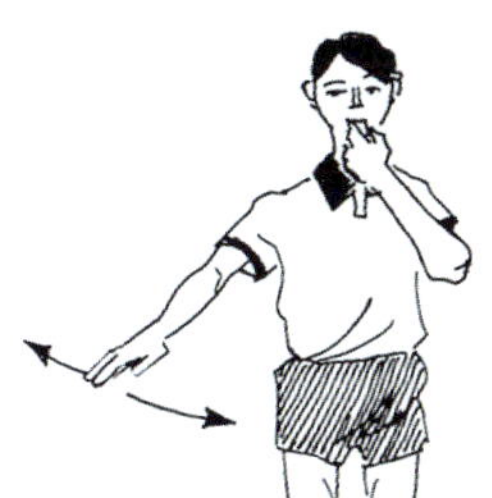

Betreten des Torraums

6:2 Beim Betreten des Torraums durch einen Feldspieler ist wie folgt zu entscheiden:

a) Abwurf, wenn ein Spieler der angreifenden Mannschaft mit Ball den Torraum der gegnerischen Mannschaft berührt. Dasselbe gilt, wenn er nicht in Ballbesitz ist, aber durch das Betreten des Torraums einen Vorteil erlangt (12:1).
b) Freiwurf, wenn ein Abwehrspieler seinen Torraum betritt und dadurch einen Vorteil erlangt, ohne aber eine klare Torgelegenheit zu vereiteln (13:1b, siehe auch 8:7f)
c) 7-m-Wurf, wenn ein Abwehrspieler durch das Betreten des Torraums eine klare Torgelegenheit vereitelt (14:1a).Mit „Betreten" ist im Sinne dieser Regel nicht das bloße Berühren der Torraumlinie zu verstehen, sondern ein deutliches Eintreten.

6:4 Der Ball ist als „außerhalb des Spiels" anzusehen, wenn der Torwart ihn im Torraum unter Kontrolle hat (12:1). Der Ball muss dann durch einen Abwurf wieder ins Spiel gebracht werden (12:2).

6:5 Der im Torraum auf dem Boden rollende Ball bleibt „im Spiel" und ist im Ballbesitz der Mannschaft des Torwarts. Nur der Torwart darf den Ball berühren. Nimmt der Torwart den Ball auf, ist dieser „außerhalb des Spiels" und er hat ihn laut Regeln 6:4 und 12:1-2 wieder ins Spiel zu bringen (siehe jedoch 6:7b). Berührt ein Mitspieler des Torwarts den im *Torraum rollenden Ball, ist auf Freiwurf (13:1a) zu* entscheiden (siehe jedoch 14:1a, in Verbindung mit Erläuterung 6c). Bei Berührung durch einen Spieler der gegnerischen Mannschaft ist auf Abwurf (12:1 (iii)) zu entscheiden.

Der Ball ist „außerhalb des Spiels", sobald er im Torraum auf dem Boden liegen bleibt (12:1 (II)). In dieser Situation ist die Mannschaft des Torwarts im Ballbesitz und nur der Torwart darf den Ball berühren. Er hat ihn wieder laut 6:4 und 12:1-2 ins Spiel zu bringen (siehe jedoch 6:7b). Berührt ein Spieler einer der beiden Mannschaften den Ball, bleibt die Spielfortsetzung immer Abwurf (12:1 Abs.2).

Befindet sich der Ball in der Luft über dem Torraum, darf er unter Beachtung der Regeln 7:1 und 7:8 gespielt werden.

6:7 Wenn der Ball in den eigenen Torraum gespielt wird ist wie folgt zu entscheiden:

a) Tor, wenn der Ball in das Tor gelangt;
b) Freiwurf, wenn der Ball im Torraum liegen bleibt oder wenn der Torwart den Ball berührt und dieser nicht in das Tor gelangt (13:1b);
c) Einwurf, wenn der Ball die Torauslinie überquert (11:1);
d) Weiterspielen, wenn der Ball den Torraum durchquert und ins Spielfeld zurückgelangt, ohne dass ihn der Torwart berührt.

6:8 Ein Ball, der aus dem Torraum in das Spielfeld zurückgelangt, bleibt im Spiel.

Regel 7

Spielen des Balles, passives Spiel

Spielen des Balles

Es ist erlaubt:

7:1 den Ball unter Benutzung von Händen (offen oder geschlossen), Armen, Kopf, Rumpf, Oberschenkel und Knien zu werfen, zu fangen, zu stoppen, zu stoßen oder zu schlagen;

7:2 den Ball maximal 3 Sekunden zu halten, auch wenn dieser auf dem Boden liegt (13:1a);

7:3 sich mit dem Ball höchstens 3 Schritte zu bewegen (13:1a). Ein Schritt gilt als ausgeführt:

a) wenn ein mit beiden Füßen auf dem Boden stehender Spieler einen Fuß abhebt und ihn wieder hinsetzt oder einen Fuß von einer Stelle zu einer anderen hinbewegt;
b) wenn ein Spieler den Boden mit nur einem Fuß berührt, den Ball fängt und danach mit dem anderen Fuß den Boden berührt;
c) wenn ein Spieler nach einem Sprung mit nur einem Fuß den Boden berührt und danach auf demselben einen Sprung ausführt oder den Boden mit dem anderen Fuß berührt;
d) wenn ein Spieler nach einem Sprung mit beiden Füßen gleichzeitig den Boden berührt und danach einen Fuß abhebt und ihn wieder hinsetzt oder einen Fuß von einer Stelle zu einer anderen hinbewegt.

Ballannahme in der Luft

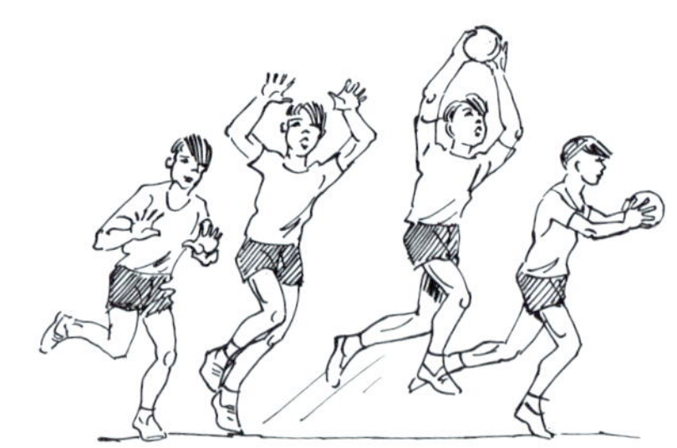

Nullkontakt – Landung auf einem Bein

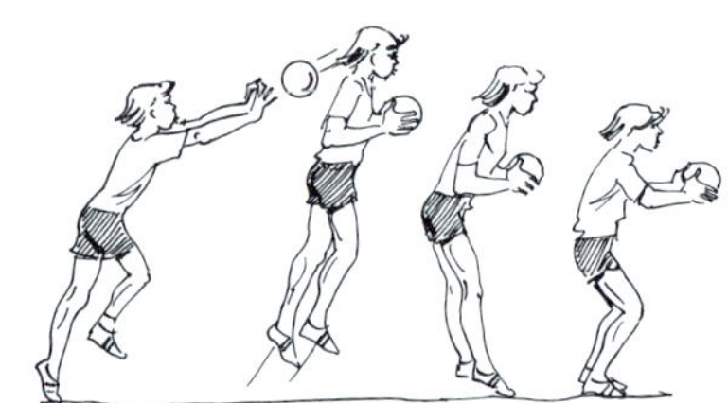

gleichzeitige Landung auf beiden Beinen

Kommentar:
Fällt ein Spieler mit dem Ball zu Boden, rutscht dann und steht auf mit dem Ball um ihn weiterzuspielen, ist dies regelkonform.

Dies gilt auch, wenn er sich nach dem Ball wirft, ihn kontrolliert, aufsteht und dann weiterspielt.

7:4 den Ball sowohl im Stehen als auch im Laufen:

a) einmal zu tippen und mit einer Hand oder beiden Händen wieder zu fangen;
b) wiederholt mit einer Hand auf den Boden zu prellen und danach mit einer Hand oder beiden Händen wieder zu fangen beziehungsweise aufzunehmen;
c) wiederholt mit einer Hand zu rollen und dann wieder mit einer Hand oder beiden Händen aufzunehmen.

Sobald der Ball danach mit einer Hand oder beiden Händen gefasst wird, muss er innerhalb 3 Sekunden bzw. nach höchstens 3 Schritten (13:1a) abgespielt werden.

Das Prellen oder Tippen des Balles beginnt dann, wenn der Spieler den Ball mit irgendeinem Körperteil berührt und Richtung Boden lenkt.

Nachdem der Ball einen anderen Spieler oder das Tor berührt hat, ist ein erneutes Tippen oder Prellen und Wiederfangen erlaubt (siehe jedoch 14:6).

7:5 den Ball von einer Hand in die andere zu führen;

7:6 den Ball kniend, sitzend oder liegend weiterzuspielen; dazu gehört, aus dieser Position einen Wurf auszuführen (z.B. einen Freiwurf), vorausgesetzt, der Werfer hat bei der Ausführung einen Fuß am Boden, bis der Ball die Hand verlassen hat (15:1).

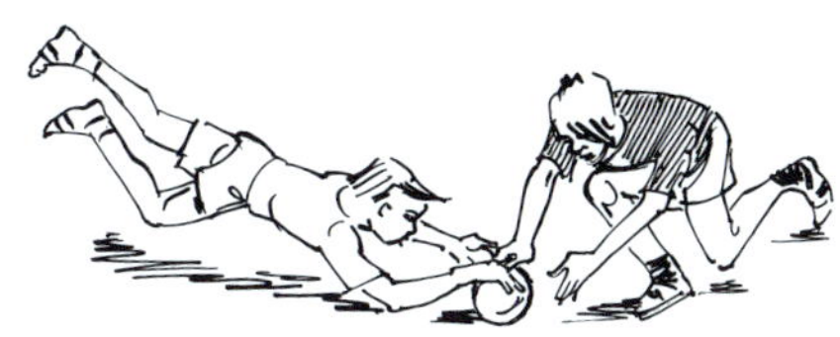

Es ist nicht erlaubt:

7:7 den kontrollierten Ball mehr als einmal zu berühren, bevor dieser inzwischen den Boden, einen anderen Spieler oder das Tor berührt hat (13:1a). Nicht zu ahnden ist mehrfaches Berühren beim Versuch, den Ball zu fangen, zu stoppen oder anderweitig unter Kontrolle zu bringen;

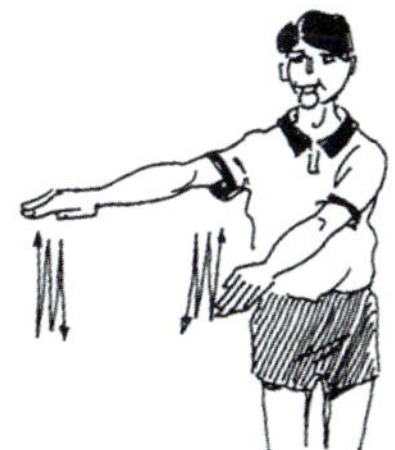

Prell- oder Tippfehler

7:8 den Ball mit Fuß oder Unterschenkel zu berühren, es sei denn, der Spieler wurde von einem Gegenspieler angeworfen (13:1a-b; siehe auch 8:7e).

7:9 Berührt der Ball einen Schiedsrichter auf der Spielfläche, wird weitergespielt.

7:10 Wenn sich ein ballbesitzender Spieler mit einem Fuß oder beiden Füßen außerhalb der Spielfläche bewegt (während der Ball sich noch innerhalb befindet), z.B. um einen Abwehrspieler zu umlaufen, ist auf Freiwurf für die andere Mannschaft zu entscheiden (13:1a).
Verlässt ein Spieler der ballbesitzenden Mannschaft die Spielfläche ohne Ball,

haben die Schiedsrichter ihn aufzufordern, auf die Spielfläche zurückzukehren. Tut er das nicht oder wiederholt sich das Vorkommnis bei derselben Mannschaft, ist ohne vorherige Aufforderung auf Freiwurf für die andere Mannschaft zu entscheiden (13:1a). Derartige Vergehen führen nicht zu persönlichen Bestrafungen gemäß Regel 8 und 16.

Passives Spiel

7:11 Es ist nicht erlaubt, den Ball in Besitz zu halten ohne erkennbaren Versuch, anzugreifen oder ein Tor zu erzielen. Ebenso ist es nicht erlaubt, wiederholt die Ausführung eines Anwurfs, Freiwurfs, Einwurfs oder Abwurfs der eigenen Mannschaft zu verzögern (siehe Erläuterung 4). Dies ist als passives Spiel anzusehen, welches mit einem Freiwurf geahndet wird, sofern die passive Tendenz nicht aufgegeben wird (13:1a).

Der Freiwurf ist an der Stelle auszuführen, an der sich der Ball bei der Unterbrechung befand.

passives Spiel (Zeitspiel)

7:12 Wird eine Tendenz zum passiven Spiel erkennbar, wird das Warnzeichen (Handzeichen Nr. 17) gezeigt. Dies gibt der ballbesitzenden Mannschaft die Gelegenheit, die Angriffsweise umzustellen, um den Ballverlust zu vermeiden. Falls sich die Angriffsweise nach dem Anzeigen des Warnzeichens nicht ändert oder kein Torwurf ausgeführt wird, wird ein Freiwurf gegen die ballbesitzende Mannschaft gegeben (siehe Erläuterung 4).

In besonderen Situationen (z.B. bewusstes Auslassen einer klaren Torgelegenheit) können die Schiedsrichter auch ohne vorheriges Warnzeichen auf Freiwurf gegen die ballbesitzende Mannschaft entscheiden.

Regel 8

Regelwidrigkeiten und unsportliches Verhalten

Regelkonforme Aktionen

Es ist erlaubt:

8:1
- a) dem Gegenspieler mit einer offenen Hand den Ball herausspielen;
- b) mit angewinkelten Armen Körperkontakt zum Gegenspieler aufzunehmen, ihn auf diese Weise zu kontrollieren und zu begleiten;
- c) den Gegenspieler im Kampf um Positionen mit dem Rumpf zu sperren.

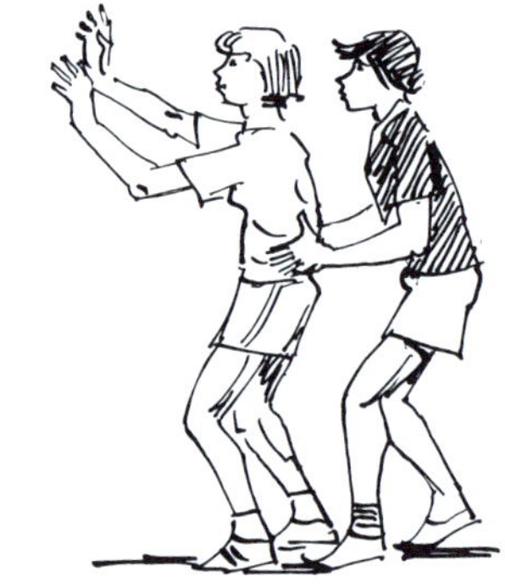

Körperkontakt aufnehmen, kontrollieren und begleiten, aber nicht stoßen!

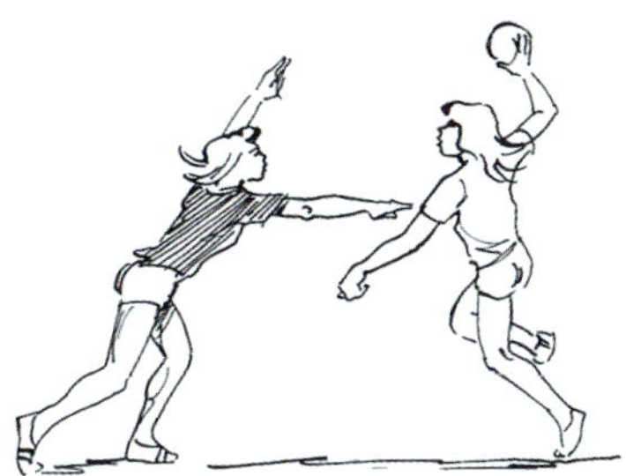

Kommentar:
Sperren heißt, den Gegenspieler daran zu hindern, in einen freien Raum zu laufen. Die Einnahme der Sperrstellung, das Verhalten in der Sperre und das Lösen aus der Sperre müssen grundsätzlich passiv gegenüber dem Gegenspieler erfolgen (siehe jedoch 8:2b).

Regelwidrigkeiten die normalerweise nicht zu persönlichen Strafen führen (beachte jedoch die Beurteilungskriterien 8:3 a-d)

Es ist nicht erlaubt:

8:2 a) dem Gegenspieler den Ball aus der Hand zu entreißen oder wegzuschlagen;

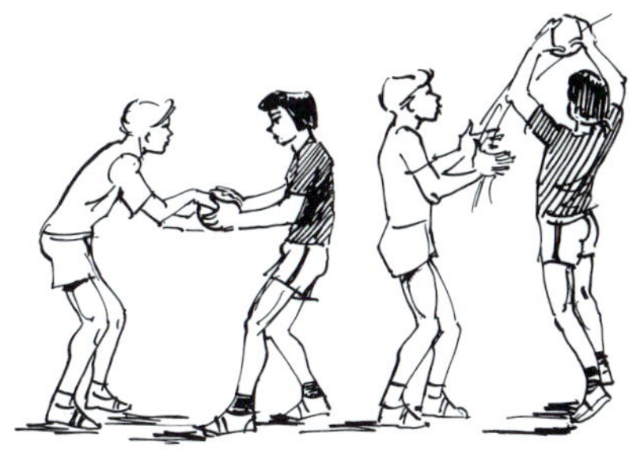

b) den Gegenspieler mit Armen, Händen, Beinen zu sperren, ihn durch Körpereinsatz wegzudrängen oder wegzustoßen, dazu gehört auch ein gefährdender Einsatz von Ellbogen in der Ausgangsposition und in der Bewegung;

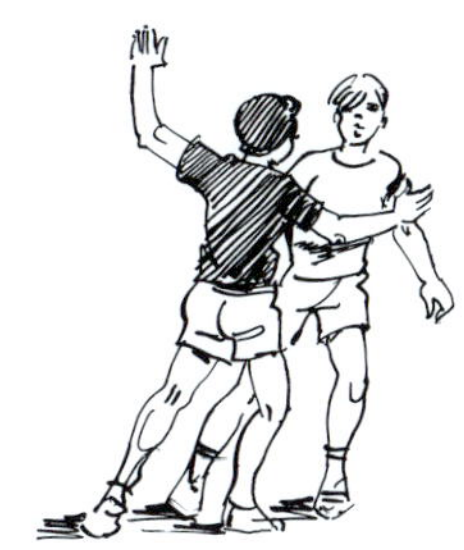

c) den Gegenspieler am Körper oder an der Spielkleidung festzuhalten, auch wenn er weiterspielen kann;

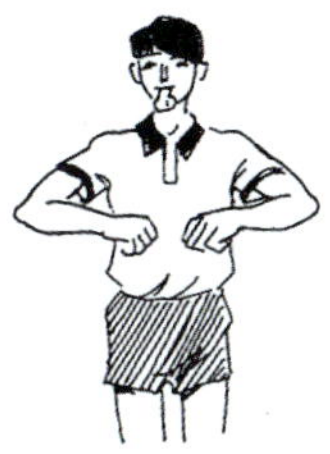

Umklammern, Festhalten, Stoßen

d) in den Gegenspieler hineinzurennen oder -springen.

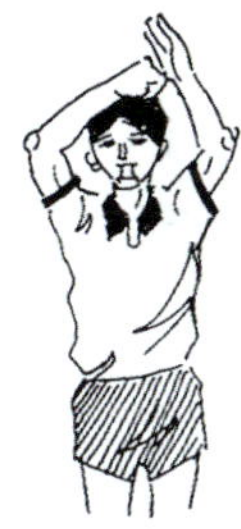

Stürmerfoul, Stürmervergehen

Regelwidrigkeiten, die zu einer persönlichen Strafe laut Regel 8:3-6 führen

8:3 Regelwidrigkeiten, bei denen die Aktion überwiegend oder ausschließlich auf den Körper des Gegenspielers abzielt, müssen zu einer persönlichen Strafe führen. Zusätzlich zur Entscheidung auf Freiwurf oder 7-m-Wurf ist mindestens progressiv zu bestrafen, beginnend mit einer Verwarnung nach (16:1a), dann Hinausstellung (16:3b) und Disqualifikation (16:6d).

Für schwerere Regelwidrigkeiten sind auf Grund der nachstehenden Beurteilungskriterien drei weitere Stufen vorgesehen:

- Regelwidrigkeiten, die mit einer sofortigen Hinausstellung zu ahnden sind (8:4);
- Regelwidrigkeiten, die mit einer Disqualifikation zu ahnden sind (8:5);
- Regelwidrigkeiten, die mit Disqualifikation und schriftlicher Meldung zu ahnden sind (8:6).

Beurteilungskriterien:
Bei der Beurteilung, zu welchen persönlichen Strafen die Regelwidrigkeiten führen, finden die folgenden Entscheidungskriterien Anwendung, die je nach Situation kombiniert heranzuziehen sind:

a) **Stellung** des Spielers, der die Regelwidrigkeit begeht (Frontalposition, seitlich oder von hinten);
b) **Körperteil**, auf den die Regelwidrigkeit abzielt (Oberkörper, Wurfarm, Beine, Kopf/Hals/Nacken);
c) **Intensität** der Regelwidrigkeit (wie intensiv war der Körperkontakt, oder/und die Regelwidrigkeit gegen den Gegenspieler, der sich in voller Bewegung befindet);
d) **Auswirkung** der Regelwidrigkeit:
   - Kontrolle über Körper und Ball werden beeinträchtigt
   - Beweglichkeit wird eingeschränkt oder unterbunden
   - das Weiterspielen wird unterbunden.

Bei der Beurteilung von Vergehen ist auch die jeweilige Spielsituation relevant (z.B. Wurfaktion, Absetzen in den freien Raum oder Situation im schnellen Lauf).

Regelwidrigkeiten, die mit einer direkten Hinausstellung zu ahnden sind

8:4 Im Fall besonderer Regelwidrigkeiten ist direkt auf Hinausstellung zu entscheiden, unabhängig davon, ob der Spieler zuvor eine Verwarnung erhalten hatte.

Dies gilt besonders für solche Regelwidrigkeiten, bei denen der fehlbare Spieler eine Gefährdung des Gegenspielers in Kauf nimmt (beachte auch 8:5 und 8:6).

Solche Regelwidrigkeiten sind beispielsweise unter Berücksichtigung der Beurteilungskriterien in 8:3:

a) Vergehen, die mit hoher Intensität oder bei hoher Laufgeschwindigkeit begangen werden;
b) den Gegenspieler für längere Zeit festhalten oder ihn zu Boden ziehen;
c) Vergehen gegen Kopf, Hals oder Nacken;
d) starker Schlag gegen den Körper oder gegen den Wurfarm;
e) der Versuch, den Gegenspieler aus der Körperkontrolle zu bringen (z.B. den Gegenspieler im Sprung an den Beinen/Füßen halten, siehe jedoch 8:5a);
f) mit hoher Geschwindigkeit in den Gegenspieler hineinlaufen oder -springen.

Regelwidrigkeiten, die mit einer Disqualifikation zu ahnden sind

8:5 Ein Spieler, der seinen Gegenspieler gesundheitsgefährdend angreift, ist zu disqualifizieren (16:6a). Die hohe Intensität der Regelwidrigkeit oder die Tatsache, dass diese den Gegenspieler unvorbereitet trifft und er sich deshalb nicht schützen kann, machen die besondere Gefahr aus (siehe nachstehenden Kommentar zu Regel 8:5).

Neben den in Regel 8:3 und 8:4 angegebenen Merkmalen gelten folgende Entscheidungskriterien:

a) der tatsächliche Verlust der Körperkontrolle im Lauf oder Sprung oder während einer Wurfaktion;
b) eine besonders aggressive Aktion gegen einen Körperteil des Gegenspielers, insbesondere gegen Gesicht, Hals oder Nacken (Intensität des Körperkontakts);
c) das rücksichtslose Verhalten des fehlbaren Spielers beim Begehen der Regelwidrigkeit.

Kommentar:
Auch Vergehen mit geringem Körperkontakt können sehr gefährlich sein und zu schweren Verletzungen führen, wenn der Spieler sich im Sprung oder im Lauf befindet und nicht in der Lage ist, sich zu schützen. In diesem Fall ist die Gefährdung des Spielers und nicht die Intensität des Körperkontakts maßgebend für die Beurteilung, ob auf Disqualifikation zu entscheiden ist.

Dies gilt auch, wenn ein Torwart den Torraum verlässt um den für den Gegenspieler gedachten Ball abzufangen. Er trägt die Verantwortung dafür, dass dabei keine gesundheitsgefährdende Situation entsteht.

Er ist zu disqualifizieren falls er:

a) in Ballbesitz gelangt, aber in der Bewegung einen Zusammenprall mit dem Gegenspieler verursacht;
b) den Ball nicht erreichen oder kontrollieren kann, aber einen Zusammenprall mit dem Gegenspieler verursacht.

Sind die Schiedsrichter in diesen Situationen überzeugt, dass der Gegenspieler ohne das regelwidrige Eingreifen des Torwarts den Ball erreicht hätte, ist auf 7 m zu entscheiden.

Disqualifikation auf Grund einer besonders rücksichtslosen, besonders gefährlichen, vorsätzlichen oder arglistigen Aktion (mit schriftlicher Meldung)

8:6 Stufen die Schiedsrichter eine Aktion als besonders rücksichtslos, besonders gefährlich, vorsätzlich oder arglistig ein, reichen sie nach dem Spiel einen schriftlichen Bericht ein, damit die zuständigen Instanzen über weitere Maßnahmen entscheiden können.
Hinweise und Merkmale, die als Beurteilungskriterien in Ergänzung zu Regel 8:5 dienen:

a) besonders rücksichtslose oder besonders gefährliche Vergehen;
b) eine vorsätzliche oder arglistige Aktion, die ohne jeglichen Bezug zu einer Spielhandlung stattfindet.

Kommentar:
Wenn ein Vergehen nach Regel 8:5 oder 8:6 in der letzten Spielminute begangen wird, mit dem Ziel ein Tor zu verhindern, ist das Vergehen als ein besonders grob unsportliches Verhalten gemäß Regel 8:10d zu beurteilen und zu ahnden.

Unsportliches Verhalten, das zu einer persönlichen Strafe laut Regeln 8:7-10 führt

Als unsportliches Verhalten gelten verbale und nonverbale Ausdrucksformen, die nicht mit dem Sportsgeist vereinbar sind. Dies gilt sowohl für Spieler als auch für Mannschaftsoffizielle auf der Spielfläche wie außerhalb. Für die Ahndung von unsportlichem und grob unsportlichem Verhalten werden vier Stufen von Vergehen unterschieden:

- Vergehen, die progressiv zu ahnden sind (8:7);
- Vergehen, die mit einer sofortigen Hinausstellung zu ahnden sind (8:8);
- Vergehen, die mit einer Disqualifikation zu ahnden sind (8:9);
- Vergehen, die mit Disqualifikation und schriftlicher Meldung zu ahnden sind (8:10).

Unsportliches Verhalten, dass progressiv zu ahnden ist

8:7 Die unter a-f genannten Handlungen sind Beispiele für unsportliches Verhalten das progressiv zu ahnden ist, beginnend mit einer Verwarnung (16:1b):

a) Protest gegen Schiedsrichter-Entscheidungen sowie verbale oder nonverbale Aktionen, um eine bestimmte Entscheidung der Schiedsrichter herbeizuführen;
b) den Gegenspieler oder Mitspieler verbal oder mit Gesten zu stören oder einen Gegenspieler anzuschreien, mit dem Ziel ihn abzulenken;
c) Verzögerung der Wurfausführung der gegnerischen Mannschaft durch das Nichteinhalten des 3m-Abstands oder anderer Verhaltensweisen;
d) der Versuch, durch „Schauspielerei" ein Vergehen vorzutäuschen oder die Wirkung eines Vergehens zu übertreiben um eine Spielzeitunterbrechung oder eine unverdiente Strafe eines gegnerischen Spielers zu provozieren;
e) aktives Abwehren von Würfen oder Pässen durch das Benutzen von Fuß oder Unterschenkel. Rein reflexartige Bewegungen wie z.B. Schließen der Beine werden nicht bestraft (siehe auch Regel 7:8).
f) Wiederholtes Betreten des Torraums aus taktischen Gründen.

Unsportliches Verhalten, das direkt mit einer Hinausstellung zu ahnden ist

8:8 Bestimmte Unsportlichkeiten werden als schwerwiegender angesehen und haben deshalb eine direkte Hinausstellung zur Folge, unabhängig davon, ob der betreffende Spieler oder Offizielle zuvor eine Verwarnung erhalten hat. Hierzu gehören u.a. folgende Vergehen:

a) lautstarker Protest mit intensivem Gestikulieren oder provokativem Verhalten;
b) wenn der Spieler bei einer Entscheidung gegen seine Mannschaft den Ball nicht sofort fallen lässt oder niederlegt, so dass er spielbar ist;
c) einen in den Auswechselbereich gelangten Ball blockieren.

Grob unsportliches Verhalten, das mit einer Disqualifikation zu ahnden ist

8:9 Bestimmte Vergehen werden als grob unsportlich angesehen und sind mit Disqualifikation zu ahnden.

Folgende Vergehen dienen als Beispiel:

a) Demonstratives Wegschlagen oder Wegwerfen des Balls nach einer Schiedsrichterentscheidung.
b) Der Torwart zeigt demonstrativ, dass er sich weigert, einen 7-m-Wurf abzuwehren.
c) Den Ball während einer Spielunterbrechung absichtlich auf einen Gegenspieler werfen. Ist der Wurf sehr hart und aus kurzer Entfernung geworfen, kann dies auch als „besonders rücksichtsloses Vergehen" im Sinne der Regel 8:6 angesehen werden.
d) Wenn der 7-m Werfer den Torwart am Kopf trifft und dieser nicht seinen Kopf Richtung Ball bewegt.
e) Wenn der Werfer eines Freiwurfs den Abwehrspieler am Kopf trifft und dieser nicht seinen Kopf Richtung Ball bewegt.
f) Revanche nehmen nach einem erlittenen Foul.

Kommentar:
Im Fall eines 7-m-Wurfs oder Freiwurfs trägt der Werfer die Verantwortung dafür, den Torwart oder den Abwehrspieler nicht zu gefährden.

Disqualifikation auf Grund eines besonders grob unsportlichen Verhaltens (mit schriftlicher Meldung)

8:10 Stufen die Schiedsrichter ein Verhalten als besonders grob unsportlich ein, reichen sie nach dem Spiel einen schriftlichen Bericht ein, damit die zuständigen Instanzen über weitere Maßnahmen entscheiden können.

Folgende Vergehen dienen als Beispiel:

a) Beleidigung oder Drohung gegenüber einer anderen Person, wie z.B. Schiedsrichter, Zeitnehmer/Sekretär, Delegierter, Mannschaftsoffizieller, Spieler, Zuschauer. Sie kann in verbaler oder nonverbaler Form (z.B. Mimik, Gestik, Körpersprache, Körperkontakt erfolgen);
b) (i) das Eingreifen eines Mannschaftsoffiziellen in das Spielgeschehen, auf der Spielfläche oder vom Auswechselraum aus oder
(ii) das Vereiteln einer klaren Torgelegenheit durch einen Spieler, entweder durch ein (laut Regel 4:6) unerlaubtes Betreten der Spielfläche oder vom Auswechselraum aus;
c) wenn der Ball in der letzten Spielminute nicht im Spiel ist und ein Spieler oder Offizieller die Wurfausführung des Gegners verzögert oder behindert und damit der gegnerischen Mannschaft die Chance genommen wird, in eine Torwurfsituation zu kommen oder eine klare Torgelegenheit zu erreichen, gilt dieses Vergehen als besonders grob unsportlich. Dies gilt für jegliche Art der Wurfverhinderung (z.B. Vergehen mit begrenztem körperlichen Einsatz, Pass abfangen, stören der Ballannahme, Ball nicht freigeben);
d) wenn der Ball in der letzten Spielminute im Spiel ist und der gegnerischen Mannschaft durch ein Vergehen im Sinne von Regel 8:5 oder 8.6 die Chance genommen wird, in eine Torwurfsituation zu kommen oder eine klare Torgelegenheit zu erreichen, ist das Vergehen nicht nur mit Disqualifikation laut 8:5 oder 8:6 zu bestrafen, sondern es muss auch ein schriftlicher Bericht eingereicht werden.

Regel 9

Der Torgewinn

9:1 Ein Tor ist erzielt, wenn der Ball die Torlinie vollständig überquert hat (s. Abb. u.), sofern vor dem oder beim Wurf der Werfer, seine Mitspieler oder Offizielle sich nicht regelwidrig verhalten haben. Der Torschiedsrichter bestätigt durch zwei kurze Pfiffe und Handzeichen 12, dass ein Tor erzielt ist.

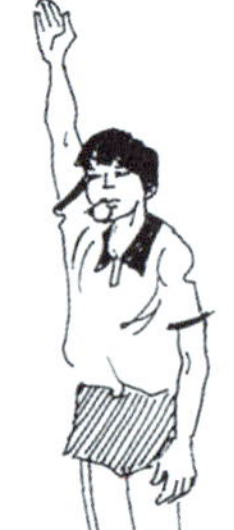

Torgewinn

Gelangt der Ball ins Tor, obwohl ein Spieler der abwehrenden Mannschaft eine Regelwidrigkeit begangen hat, ist auf Tor zu erkennen.

Hat ein Schiedsrichter, der Zeitnehmer oder der Delegierte das Spiel unterbrochen, bevor der Ball die Torlinie vollständig überquert hat, darf nicht auf Tor entschieden werden.

Spielt ein Spieler den Ball in das eigene Tor, führt dies zum Torgewinn für die gegnerische Mannschaft, ausgenommen, der Torwart führt einen Abwurf aus (12:2 Absatz 2).

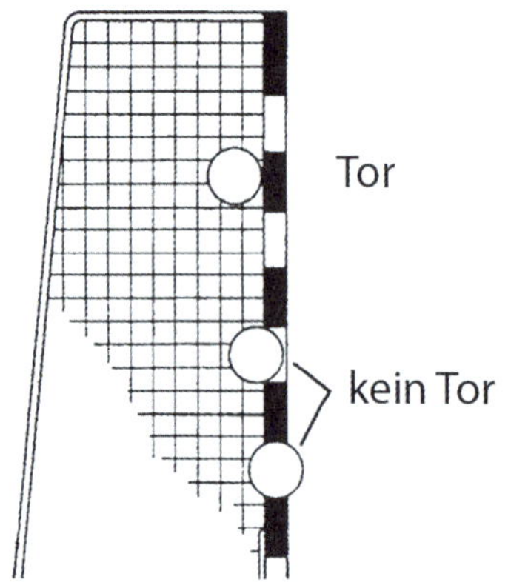

Kommentar:
Wird dem Ball der Weg ins Tor durch eine nicht am Spiel beteiligte Sache oder Person (Zuschauer etc.) verwehrt, muss auf Tor entschieden werden, wenn die Schiedsrichter der Überzeugung sind, dass der Ball ansonsten ins Tor gelangt wäre.

Regel 10

Der Anwurf

10:2 Nach einem Tor wird das Spiel mit einem Anwurf von der Mannschaft wieder aufgenommen, gegen die das Tor erzielt worden ist (ausgenommen 9:2 Absatz 2).

10:3 Der Anwurf ist innerhalb drei Sekunden nach Anpfiff (13:1a) von der Mitte der Spielfläche aus (mit 1,5 m Toleranz nach beiden Seiten) in beliebiger Richtung auszuführen (13:1a). Der Anwurf ausführende muss mindestens mit einem Fuß die Mittellinie berühren, der andere Fuß darf die Mittellinie nicht überschreiten und der Werfer darf den Ausführungsort nicht verlassen, bis der Ball gespielt ist. (13:1a,; siehe auch Erläuterung 5).

Die Mitspieler des Werfers dürfen die Mittellinie nicht vor dem Anpfiff überqueren.

10:4 Beim Anwurf zu Beginn jeder Halbzeit (und eventueller Verlängerungen) müssen sich alle Spieler in der eigenen Hälfte der Spielfläche befinden.

Beim Anwurf nach einem Tor können sich die Gegenspieler des Werfers jedoch in beiden Hälften der Spielfläche aufhalten.

In beiden Fällen dürfen die Gegenspieler jedoch nicht näher als 3 m an den Anwurf ausführenden herantreten (15:9, 8:7c).

Regel 11

Der Einwurf

11:1 Auf Einwurf wird entschieden, wenn der Ball die Seitenlinie vollständig überquert hat oder wenn ein Feldspieler der abwehrenden Mannschaft den Ball zuletzt berührt hat, bevor dieser die Torauslinie seiner Mannschaft überquert hat.

Wenn der Ball die Decke oder über der Spielfläche befestigte Vorrichtungen berührt, ist ebenfalls auf Einwurf zu entscheiden.

11:2 Der Einwurf wird ohne Pfiff der Schiedsrichter von der Mannschaft ausgeführt, deren Spieler den Ball vor dem Überqueren der Linie oder Berühren der Decke oder einer über der Spielfläche befestigten Vorrichtung nicht zuletzt berührt hatten.

11:3 Der Einwurf ist an der Stelle auszuführen, an welcher der Ball die Seitenlinie überquerte oder, hat er die Torauslinie überquert, am Treffpunkt von Seiten- und Torauslinie auf der Seite des Tores, auf der er die Torauslinie überquerte.

Wenn der Ball die Decke oder eine über der Spielfläche befestigte Vorrichtung berührt hat, ist der Einwurf an der dem Ort der Berührung nächstgelegenen Stelle auszuführen.

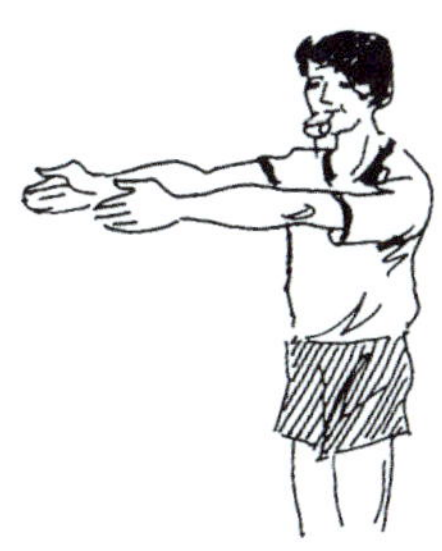

Einwurf

11:4 Der Werfer muss mit einem Fuß in korrekter Stellung auf der Seitenlinie stehen, bis der Ball seine Hand verlassen hat. Die Stellung des anderen Fußes ist beliebig (13:1a).

11:5 Die Spieler der anderen Mannschaft dürfen bei der Ausführung des Einwurfs nicht näher als 3 m an den Werfer herantreten (15:9, 8:7c).

Dies gilt nicht, sofern sie unmittelbar an ihrer Torraumlinie stehen.

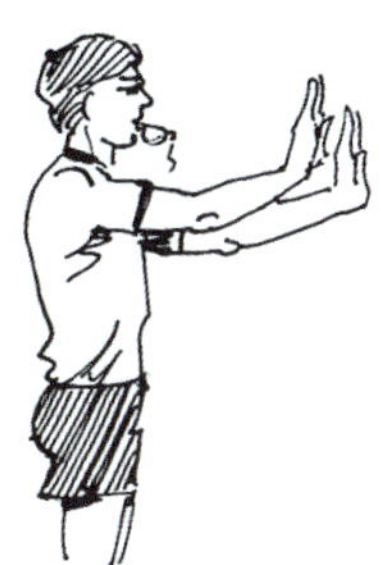

Nichtbeachten des Drei-Meter-Abstandes

Regel 12

Der Abwurf

12:1 Auf Abwurf wird entschieden, wenn (i) ein Spieler der anderen Mannschaft den Torraum gemäß Regel 6:2a betritt; (ii) der Torwart den Ball im Torraum unter Kontrolle gebracht hat oder der Ball im Torraum auf dem Boden liegen bleibt (Regel 6:4-5); (iii) ein Spieler der anderen Mannschaft den im Torraum rollenden Ball berührt (6:5 Abs. 1) oder (iv) der Ball über die Torauslinie gelangt, nachdem er zuletzt vom Torwart oder einem Spieler der anderen Mannschaft berührt wurde.

Das bedeutet, dass in den genannten Situationen der Ball nicht im Spiel ist und dass das Spiel mit einem Abwurf wieder aufgenommen wird (13:3), auch wenn nach der Entscheidung auf Abwurf oder bevor dieser ausgeführt wurde ein Fehlverhalten festgestellt wird.

12:2 Der Abwurf wird vom Torwart ohne Pfiff vom Schiedsrichter aus dem Torraum über die Torraumlinie ausgeführt.

Der Abwurf gilt als ausgeführt, wenn der vom Torwart gespielte Ball vollständig die Torraumlinie überquert hat.

Die Spieler der anderen Mannschaft dürfen sich zwar an der Torraumlinie aufhalten, dürfen aber den Ball erst berühren, wenn dieser die Torraumlinie vollständig überquert hat (15:9, 8:7c).

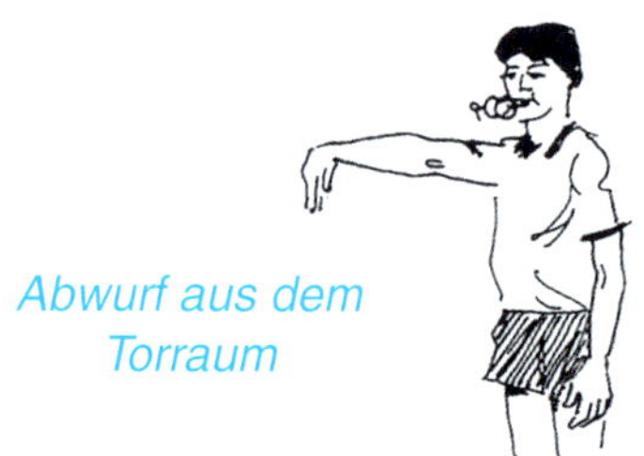

Abwurf aus dem Torraum

Regel 13

Der Freiwurf

Freiwurf-Entscheidung

13:1 Grundsätzlich unterbrechen die Schiedsrichter das Spiel und lassen es durch einen Freiwurf für die andere Mannschaft wiederaufnehmen, wenn:

a) die ballbesitzende Mannschaft eine Regelwidrigkeit begeht, die zum Verlust des Ballbesitzes führen muss (4:2-3, 4:5-6, 5:6-10, 6:5 Abs. 1, 6:7b, 7:2-4, 7:7-8, 7:10, 7:11-12, 8:2, 10:3, 11:4);
b) die abwehrende Mannschaft eine Regelwidrigkeit begeht die dazu führt, dass die ballbesitzende Mannschaft den Ball verliert (4:2-3, 4:5-6, 5:5, 6:2b, 6:7b, 7:8, 8:2).

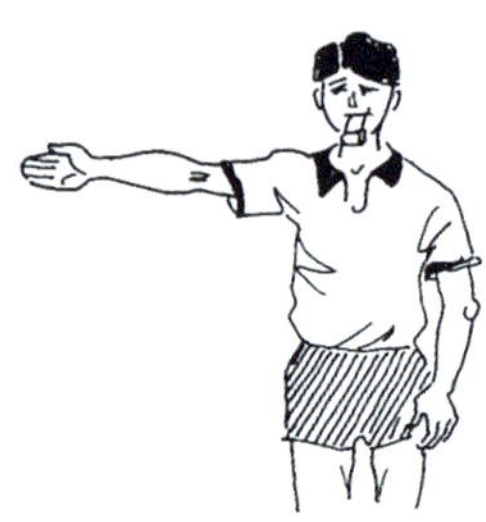

Freiwurf-Richtung

13:2 Die Schiedsrichter sollten eine Kontinuität im Spiel zulassen, indem sie eine vorschnelle Unterbrechung des Spiels durch eine Freiwurf-Entscheidung vermeiden.

13:4 Zusätzlich zu den Situationen gemäß Regel 13:1a-b wird in bestimmten Fällen, in denen das Spiel ohne Regelwidrigkeit einer Mannschaft unterbrochen wurde (d.h. wenn der Ball im Spiel ist), ein Freiwurf zur Wiederaufnahme des Spiels gegeben:

a) wenn eine Mannschaft zum Zeitpunkt der Unterbrechung in Ballbesitz ist, behält sie den Ballbesitz;
b) wenn keine der Mannschaften in Ballbesitz ist, erhält die Mannschaft, die zuletzt in Ballbesitz war, erneut den Ballbesitz.

13:5 Wenn eine Freiwurf-Entscheidung gegen die Mannschaft gegeben wird, die beim Pfiff des Schiedsrichters in Ballbesitz ist, muss der Spieler, der den Ball zu diesem Zeitpunkt hat, diesen umgehend an der Stelle auf den Boden fallen lassen oder niederlegen, so dass er spielbar ist. (8:8b).

Freiwurf-Ausführung

13:6 Der Freiwurf wird normalerweise ohne Anpfiff grundsätzlich an der Stelle ausgeführt, an der die Regelwidrigkeit begangen wurde.

Kommentar:
Wie tolerant die Schiedsrichter bei der Frage des Ausführungsorts für einen Freiwurf sein sollten, hängt von der Entfernung zum Tor der nicht ausführenden Mannschaft ab. An deren Freiwurflinie muss die Ausführung grundsätzlich genau an der Stelle des geahndeten Regelverstoßes erfolgen. Je weiter aber der Ort des Regelverstoßes von der Freiwurflinie der abwehrenden Mannschaft entfernt ist, desto toleranter sollten die Schiedsrichter sein, was den Ausführungsort angeht. Erfolgte der Regelverstoß am Torraum der ausführenden Mannschaft, sollte ein bis zu 3 Meter entfernter Ausführungsort des Freiwurfs toleriert werden.

Die beschriebene Toleranz gilt nicht im Anschluss an einen Verstoß gegen Regel 13:5, wenn dieses Vergehen die Voraussetzungen der Regel 8:8b erfüllt. In solchen Fällen hat die Ausführung also stets genau an der Stelle zu erfolgen, an der die Regelwidrigkeit begangen wurde.

13:8 Bei der Ausführung eines Freiwurfs muss die Abwehr mindestens 3 Meter vom Werfer entfernt stehen. Dies gilt nicht, sofern die Abwehrspieler unmittelbar an ihrer Torraumlinie stehen. Zu frühes Eingreifen bei der Wurfausführung ist entsprechend Regel 15:9 und 8:7c zu ahnden.

Regel 14

Der 7-m-Wurf

7-m-Entscheidung

14:1 Auf 7-m-Wurf wird entschieden bei:

a) regelwidrigem Vereiteln einer klaren Torgelegenheit auf der gesamten Spielfläche durch einen Spieler oder Mannschaftsoffiziellen der gegnerischen Mannschaft;
b) unberechtigtem Pfiff während einer klaren Torgelegenheit;
c) Vereiteln einer klaren Torgelegenheit durch das Eingreifen einer nicht am Spiel beteiligten Person, z.B. durch das Betreten der Spielfläche durch einen Zuschauer oder einen Pfiff aus dem Zuschauerbereich, der

den Spieler stoppt (Ausnahme: siehe den Kommentar zu Regel 9:1). Bei „höherer Gewalt“ wie Stromausfall ist diese Regel analog anzuwenden, wenn das Spiel im Moment einer klaren Torgelegenheit unterbrochen wird.

Zur Definition einer „klaren Torgelegenheit“ siehe Erläuterung 6.

14:3 Wenn auf 7-m Wurf entschieden wurde, sollte nur bei erkennbarer Verzögerung (z.B. Wechsel des Torwarts oder des Werfers) Time-out gegeben werden. Die Entscheidung, Time-out zu geben, sollte den Kriterien der Erläuterung 2 genügen.

Ausführung des 7-m-Wurfs

14:4 Der 7-m-Wurf ist nach Pfiff des Feldschiedsrichters innerhalb 3 Sekunden als Torwurf auszuführen (13:1a).

14:5 Der Werfer darf bei der Ausführung des 7-m Wurfs bis zu einem Meter hinter der Linie stehen (15:1). Nach dem Anpfiff darf der Werfer die 7-m-Linie weder berühren noch überschreiten, bevor der Ball seine Hand verlassen hat (13:1a).

14:6 Nach Ausführung des 7-m-Wurfs darf der Ball erst dann wieder vom Werfer oder einem seiner Mitspieler gespielt werden, wenn er einen gegnerischen Spieler oder das Tor berührt hat (13:1a).

14:10 Es ist nicht erlaubt, einen Torwartwechsel vorzunehmen, sobald sich der Werfer mit dem Ball in der Hand in korrekter Wurfposition befindet und bereit ist, den 7-m-Wurf auszuführen. Jeder Versuch, in dieser Situation eine Auswechselung vorzunehmen, ist als unsportliches Verhalten zu bestrafen (8:7c; 16:1b; 16:3d).

Regel 15

Allgemeine Anweisungen zur Ausführung der Würfe (Anwurf, Einwurf, Abwurf, Freiwurf, 7-m-Wurf)

Der Werfer

15:1 Vor der Ausführung eines Wurfs muss der Werfer die richtige Position eingenommen haben. Der Ball muss sich in der Hand des Werfers befinden.

Außer bei der Ausführung eines Abwurfs muss der Werfer bei der Wurfausführung mit einem Teil eines Fußes ununterbrochen den Boden berühren bis der Ball die Hand verlassen hat. Der andere Fuß darf wiederholt vom Boden abgehoben und wieder hingesetzt werden (siehe auch 7:6).
Der Werfer muss diese Stellung einnehmen, bis der Wurf ausgeführt ist.

15:2 Ein Wurf ist ausgeführt, wenn der Ball die Hand des Werfers verlassen hat (siehe jedoch 12:2).

Der Werfer darf den Ball erst wieder berühren, nachdem dieser einen anderen Spieler oder das Tor berührt hat (siehe weitere Beschränkungen gemäß 14:6).

Alle Würfe können unmittelbar zu einem Tor führen (ausgenommen beim Abwurf, bei dem kein Eigentor möglich ist).

Die Mitspieler des Werfers

15:3 Alle Spieler müssen die für den jeweiligen Wurf vorgeschriebenen Positionen eingenommen haben. Mit Ausnahme der Bestimmungen für den Anwurf (10:3 Absatz 2) müssen die Spieler auf ihren korrekten Positionen bleiben, bis der Ball die Hand des Werfers verlassen hat.

Der Ball darf während der Ausführung weder von einem Mitspieler berührt noch diesem übergeben werden.

15:9 Abwehrspieler, die die Wurfausführung stören, indem sie z. B. eine nicht korrekte Position einnehmen oder diese vor der Wurfausführung verlassen, sind zu bestrafen. Dies gilt unabhängig davon, ob es vor oder während der Wurfausführung erfolgt (bevor der Ball die Hand des Werfers verlassen hat).

Dabei ist ohne Belang, ob der Wurf anzupfeifen war oder nicht (8:7c, 16:1b und 16:3d).

Ein Wurf, dessen Ausführung durch eine Regelwidrigkeit der anderen Mannschaft gestört wird, ist grundsätzlich zu wiederholen.

Regel 16

Die Strafen

Verwarnung

16:1 Eine Verwarnung ist die angemessene Strafe bei:

a) Regelwidrigkeiten die progressiv zu bestrafen sind (Regel 8:3 vgl. jedoch 16:3b, 16:6d);
b) unsportlichem Verhalten, das progressiv zu bestrafen ist (Regel 8:7).

Kommentar:
Ein Spieler sollte nicht mehr als eine Verwarnung und eine Mannschaft insgesamt nicht mehr als drei Verwarnungen erhalten; die folgende Strafe muss mindestens eine Hinausstellung sein.
Ein bereits hinausgestellter Spieler sollte nicht mehr verwarnt werden.
Gegen die Offiziellen einer Mannschaft sollte insgesamt nur eine Verwarnung ausgesprochen werden.

Hinausstellung

16:3 Eine Hinausstellung ist die angemessene Strafe:

a) bei Wechselfehlern oder bei Betreten der Spielfläche durch einen zusätzlichen Spieler oder wenn ein Spieler vom Auswechselraum aus in das Spiel eingreift (4:5-6), beachte jedoch Regel 8.10b (ii);
b) bei Vergehen im Sinne der Regel 8:3 für den Fall, dass der Spieler und/oder die Mannschaft bereits die maximale Anzahl an Verwarnungen erhalten haben (siehe 16:1 Kommentar);

c) bei Vergehen im Sinne der Regel 8:4;
d) bei unsportlichem Verhalten eines Spielers nach Regel 8:7 für den Fall, dass der Spieler und/oder die Mannschaft bereits die maximale Anzahl an Verwarnungen erhalten haben;
e) bei unsportlichem Verhalten eines Mannschaftsoffiziellen nach Regel 8:7, für den Fall, dass ein Mannschaftsoffizieller bereits eine Verwarnung erhalten hat;
f) bei unsportlichem Verhalten eines Spielers oder eines Mannschaftsoffiziellen im Sinne der Regel 8:8; siehe auch 4:6;
g) als Folge einer Disqualifikation eines Spielers oder eines Mannschaftsoffiziellen (16:8 Absatz 2; beachte 16:11b);
h) bei unsportlichem Verhalten eines Spielers vor Wiederaufnahme des Spiels, nachdem er gerade hinausgestellt (16:9a) wurde.

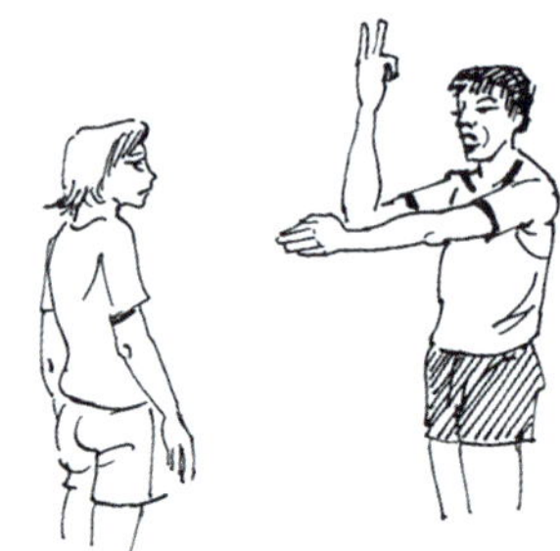

Hinausstellung (2 Minuten)

Kommentar:
Gegen die Mannschaftsoffiziellen einer Mannschaft darf höchstens einmal auf Hinausstellung erkannt werden.
Wenn gegen einen Mannschaftsoffiziellen entsprechend Regel 16:3d-e eine Hinausstellung ausgesprochen wird, ist es diesem erlaubt, im Auswechselraum zu verbleiben und seine Funktion weiter wahrzunehmen. Seine Mannschaft wird jedoch auf der Spielfläche für 2 Minuten um einen Spieler reduziert.

16:4 Die Hinausstellung ist dem fehlbaren Spieler oder Mannschaftsoffiziellen sowie dem Zeitnehmer/Sekretär nach Time-out durch das vorgeschriebene Handzeichen, Hochhalten des gestreckten Armes mit zwei erhobenen Fingern, deutlich anzuzeigen (Handzeichen Nr. 14).

16:5 Eine Hinausstellung erfolgt immer für eine Spielzeit von 2 Minuten. Die dritte Hinausstellung desselben Spielers ist immer auch mit einer Disqualifikation verbunden (16:6d).

Während der Hinausstellungszeit darf der hinausgestellte Spieler weder selbst im Spiel mitwirken, noch von einem seiner Mitspieler ersetzt werden.

Die Hinausstellungszeit beginnt mit der Wiederaufnahme des Spiels durch Pfiff.

Ist die Hinausstellungszeit eines Spielers **bis** Ende der 1. Halbzeit nicht beendet, läuft sie vom Beginn der 2. Halbzeit an weiter. Das gleiche gilt zwischen regulärer Spielzeit und Spielverlängerung sowie während Spielverlängerungen. Sofern nach Ablauf der Verlängerungen eine Hinausstellung noch nicht abgelaufen ist, darf dieser Spieler gemäß Kommentar zur Regel 2:2 nicht an einem 7-m-Werfen teilnehmen.

Disqualifikation

16:6 Die Disqualifikation ist die angemessene Strafe bei:

a) Vergehen im Sinne der Regeln 8:5 und 8:6;
b) grob unsportlichem Verhalten gemäß Regel 8:9 und besonders grob unsportlichem Verhalten gemäß Regel 8:10 durch einen Spieler oder Mannschaftsoffiziellen auf der Spielfläche oder außerhalb;
c) unsportlichem Verhalten eines der Mannschaftsoffiziellen nach Regel 8:7, nachdem Mannschaftsoffizielle der gleichen Mannschaft zuvor schon eine Verwarnung und eine Hinausstellung nach 16:1b und 16:3d-e erhalten haben;
d) einer dritten Hinausstellung desselben Spielers(16:5);
e) bedeutendem oder wiederholt unsportlichem Verhalten während des 7-m-Werfens (Kommentar zur Regel 2:2 sowie Regel 16:10);

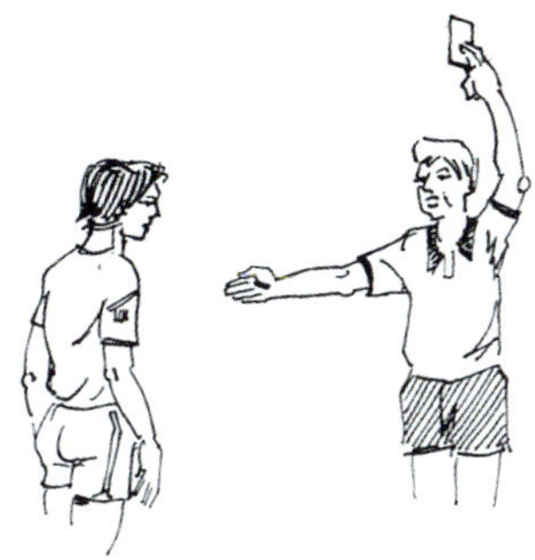

*Verwarnung = gelbe Karte;
Disqualifikation = rote Karte*

16:8 Die Disqualifikation eines Spielers oder Mannschaftsoffiziellen gilt immer für den Rest der Spielzeit. Der Spieler oder Offizielle muss die Spielfläche und den Auswechselraum sofort verlassen. Danach darf der Spieler oder Offizielle in keiner Form Kontakt zur Mannschaft haben.

Die Disqualifikation eines Spielers oder Mannschaftsoffiziellen während der Spielzeit, auf oder außerhalb der Spielfläche, ist immer mit einer Hinausstellung für die Mannschaft verbunden. Dies bedeutet, dass die Anzahl der Spieler der Mannschaft auf der Spielfläche um einen Spieler reduziert wird (16:3f). Die Reduzierung auf der Spielfläche erfolgt jedoch für 4 Minuten, wenn ein Spieler gemäß Regel 16:9b-d disqualifiziert worden ist.

Eine Disqualifikation verringert die Zahl der Spieler oder Offiziellen, die der Mannschaft zur Verfügung stehen (ausgenommen 16:11b). Es ist der Mannschaft jedoch erlaubt, die Zahl der Spieler auf der Spielfläche nach Ablauf der Hinausstellung wieder zu ergänzen.

Disqualifikationen nach Regel 8:6 oder 8:10 sind mit einem schriftlichen Bericht an die zuständigen Instanzen verbunden. Bei Disqualifikationen mit Bericht sind die Mannschaftsverantwortlichen und der Delegierte (Erl. 7) unmittelbar nach der Entscheidung zu informieren.

Mehr als ein Verstoß in derselben Situation

16:9 Begeht ein Spieler oder Mannschaftsoffizieller gleichzeitig oder in direkter Folge vor dem Wiederanpfiff mehr als eine Regelwidrigkeit und erfordern diese verschiedene Strafen, ist grundsätzlich nur die schwerwiegendste Strafe auszusprechen.

Es gelten jedoch die folgenden besonderen Ausnahmen, bei denen in sämtlichen Fällen die Mannschaft auf der Spielfläche für 4 Minuten reduziert wird.

a) Wenn sich ein Spieler, der gerade eine Hinausstellung bekommen hat, vor der Wiederaufnahme des Spiels unsportlich verhält, erhält dieser eine zusätzliche Hinausstellung (16:3g). Wenn die zusätzliche Hinausstellung die dritte für den Spieler ist, wird er disqualifiziert.
b) Wenn ein Spieler, der gerade eine Disqualifikation bekommen hat (direkt oder wegen seiner dritten Hinausstellung), sich vor der Wiederaufnahme des Spiels unsportlich verhält, wird die Mannschaft mit einer zusätzlichen Strafe belegt, wodurch die Reduzierung 4 Minuten beträgt (16:8 Absatz 2).
c) Wenn ein Spieler, der gerade eine Hinausstellung bekommen hat, sich vor der Wiederaufnahme des Spiels grob oder besonders grob unsportlich verhält, wird er zusätzlich disqualifiziert (16:6b); die beiden Strafen bedeuten eine 4-Minuten Reduzierung der Mannschaft (16:8 Absatz 2).
d) Wenn ein Spieler, der gerade eine Disqualifikation bekommen hat (direkt oder wegen einer dritten Hinausstellung), sich vor Wiederaufnahme des Spiels grob oder besonders grob unsportlich verhält, wird die Mannschaft mit einer zusätzlichen Strafe belegt und die Reduzierung beträgt insgesamt 4 Minuten (16:8 Absatz 2).

Vergehen während der Spielzeit

16:10 Die Strafen für Vergehen während der Spielzeit sind in den Regeln 16:1, 16:3 und 16:6 festgehalten. Zur Spielzeit zählen auch alle Pausen, Time-outs, Team-Time-Outs und Verlängerungen. In allen anderen Spielentscheidungsverfahren (z.B. 7-m-Werfen) kommt nur Regel 16:6 zur Anwendung. Dadurch soll bei jeglicher Art von bedeutsamem oder wiederholt unsportlichem Verhalten die weitere Teilnahme dieses Spielers verhindert werden (siehe Kommentar der Regel 2:2).

Vergehen außerhalb der Spielzeit

16:11 Unsportliches Verhalten, grob unsportliches Verhalten und besonders grob unsportliches Verhalten sowie jegliche Form besonders rücksichtsloser Handlungen (siehe Regel 8:6-10) seitens eines Spielers oder Mannschaftsoffiziellen, im Bereich der Wettkampfstätte, aber außerhalb der Spielzeit, ist wie folgt zu ahnden:

Vor dem Spiel:

a) unsportliches Verhalten gemäß Regel 8:7-8 mit Verwarnung;
b) Verhalten im Sinne von Regel 8:6 und 8:10a mit Disqualifikation gegen den Spieler oder Mannschaftsoffiziellen, wobei die Mannschaft mit 14 Spielern und 4 Offiziellen beginnen darf; Regel 16:8 Absatz 2, trifft nur bei Vergehen während der Spielzeit zu; folglich hat die Disqualifikation keine Hinausstellung zur Folge.

Bestrafungen für Vergehen vor dem Spiel können jederzeit während des Spiels ausgesprochen werden, sobald die fehlbare Person als am Spiel Beteiligter wahrgenommen wird und dies zum Zeitpunkt des Vergehens nicht möglich war.

Nach dem Spiel:

c) schriftliche Meldung.

Regel 17

Die Schiedsrichter

17:4 Das Losen wird von einem der Schiedsrichter in Gegenwart des anderen Schiedsrichters und der beiden Mannschaftsverantwortlichen oder Offiziellen oder Spielern (z.B. einem Mannschaftskapitän) vorgenommen.

17:5 Grundsätzlich muss das ganze Spiel von denselben Schiedsrichtern geleitet werden.

In ihrer Verantwortung zur Gewährleistung des Spielablaufs im Einklang mit den Spielregeln müssen sie jede Regelwidrigkeit ahnden (ausgenommen 13:2 und 14:2).

Fällt einer der Schiedsrichter während des Spiels aus, leitet der andere das Spiel alleine.

Hinweis: IHF, Kontinentalverbände und nationale Verbände haben das Recht, für ihren Bereich abweichende Regelungen betreffend Regel 17:5 Abs. 1 und 3 zu treffen.

17:6 Wenn beide Schiedsrichter bei einer Regelwidrigkeit gegen dieselbe Mannschaft pfeifen, aber unterschiedlicher Auffassung über die Höhe der Bestrafung sind, gilt immer die schwerwiegendste Strafe.

17:7 Wenn beide Schiedsrichter bei einer Regelwidrigkeit pfeifen oder der Ball die Spielfläche verlassen hat, und die beiden Schiedsrichter gegensätzlicher Auffassung darüber sind, welche Mannschaft in Ballbesitz kommen soll, gilt die gemeinsame Entscheidung, die von den Schiedsrichtern nach einer kurzen Absprache erzielt wird. Wenn sie nicht zu einer gemeinsamen Entscheidung gelangen, hat die Meinung des Feldschiedsrichters Vorrang.

Ein Time-out ist Pflicht. Nach klarem Handzeichen über die Spielfortsetzung wird das Spiel wieder angepfiffen (2:8d).

17:9 Beide Schiedsrichter sind für die Kontrolle der Spielzeit verantwortlich. Entstehen Zweifel über die Richtigkeit der Zeitmessung, treffen die Schiedsrichter eine gemeinsame Entscheidung (siehe auch Regel 2:3).

Hinweis: IHF, Kontinentalverbände und nationale Verbände haben das Recht, für ihren Bereich abweichende Regelungen betreffend Regel 17:9 zu treffen.

17:10 Die Schiedsrichter sind dafür verantwortlich, dass das Spielprotokoll nach dem Spiel ordnungsgemäß ausgefüllt wird.
Disqualifikationen gemäß den Beschreibungen in Regel 8:6 und 8:10 sind im Spielprotokoll zu begründen.

17:13 Die schwarze Spielkleidung ist vorrangig für die Schiedsrichter vorgesehen.

17:14 Schiedsrichter und Delegierte können zur internen Kommunikation elektronische Ausrüstungen benutzen. Die Regeln für deren Einsatz werden durch den entsprechenden Verband erlassen.

Handzeichen

Bei Einwurf- oder Freiwurf-Entscheidungen müssen die Schiedsrichter sofort die Richtung des folgenden Wurfs anzeigen (Zeichen 7 oder 9).

Danach sollte(n) situationsgemäß das (die) entsprechende(n), zwingend vorgeschriebene(n) Handzeichen gegeben werden, um jede persönliche Strafe anzuzeigen (Zeichen 13-14).

Wenn es scheint, dass es auch nützlich wäre, den Grund für eine Freiwurf- oder 7-m-Wurf-Entscheidung zu erklären, könnte das entsprechende der Zeichen 1-6 und 11 informationshalber gegeben werden. Zeichen 11 sollte jedoch immer in jenen Situationen gegeben werden, in denen einer Freiwurf-Entscheidung wegen passiven Spiels kein Zeichen 17 vorausgegangen ist.

Die Zeichen 12, 15 und 16 sind in den Situationen, in denen sie Geltung haben, zwingend vorgeschrieben.

Die Zeichen 8, 10 und 17 sind dann zu geben, wenn sie von den Schiedsrichtern als erforderlich erachtet werden.

Liste der Handzeichen:

1 Betreten des Torraums
2 Prell- oder Tippfehler
3 Schritt- oder Zeitfehler
4 Umklammern, Festhalten oder Stoßen
5 Schlagen
6 Stürmerfoul
7 Einwurf – Richtung
8 Abwurf
9 Freiwurf – Richtung
10 Nichtbeachten des 3-Meter-Abstandes
11 Passives Spiel
12 Torgewinn
13 Verwarnung (gelb) – Disqualifikation (rot)
14 Hinausstellung
15 Time-out
16 Erlaubnis für zwei teilnahmeberechtigte Personen zum Betreten der Spielfläche bei Time-out
17 Warnzeichen für passives Spiel

Schiedsrichter-Handzeichen

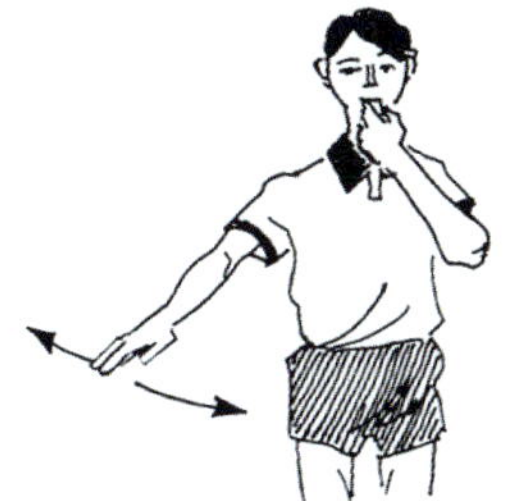

1 Betreten des Torraums

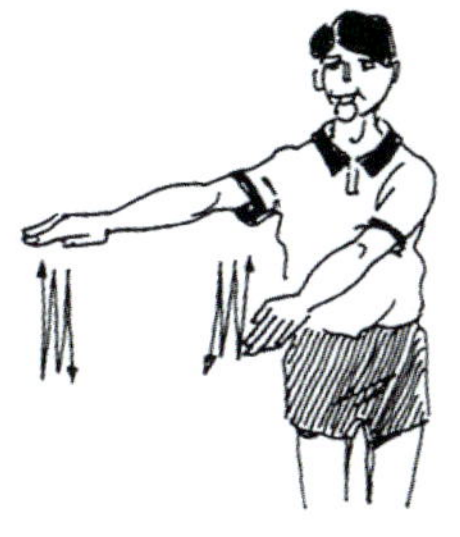

2 Prell- oder Tippfehler

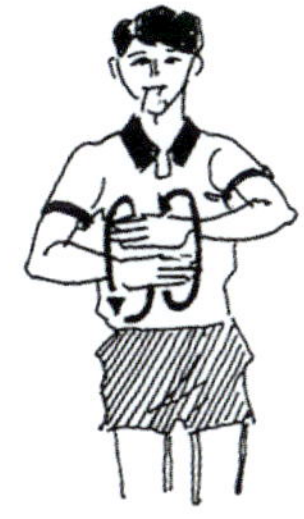

3 Schritt- oder Zeitfehler

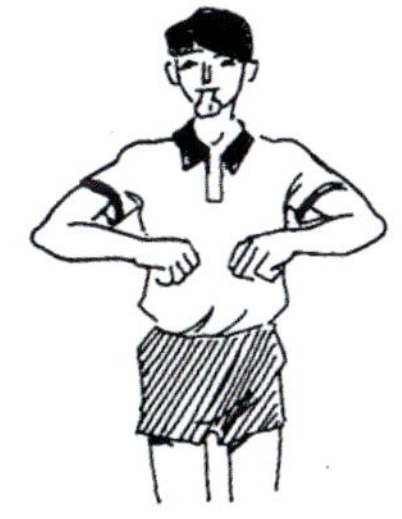

4 Umklammern, Festhalten, Stoßen

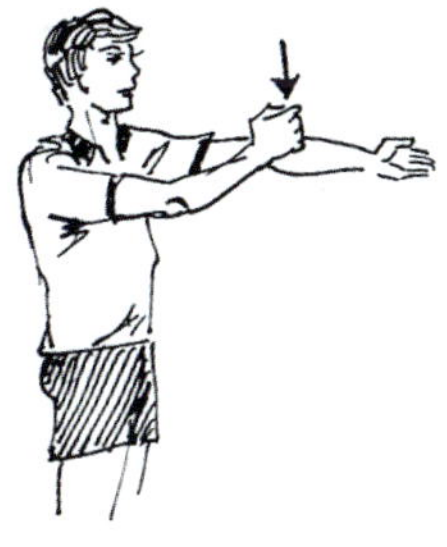

5 Schlagen

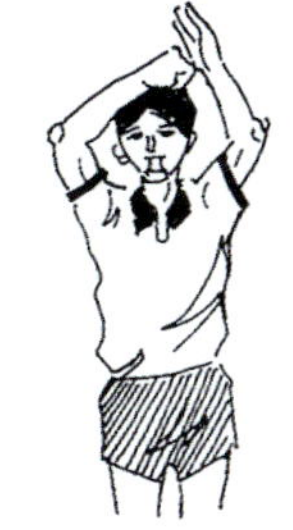

6 Stürmerfoul, Stürmervergehen

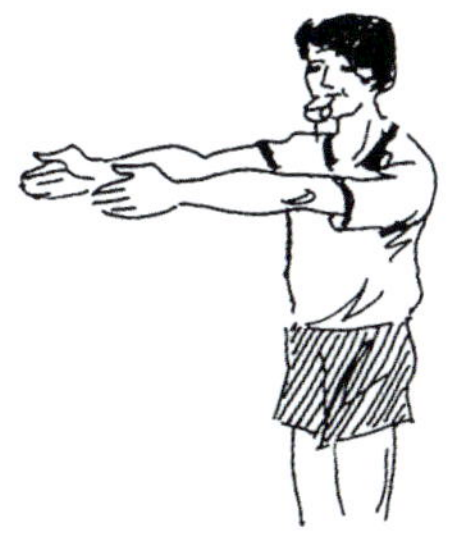

7 Einwurf

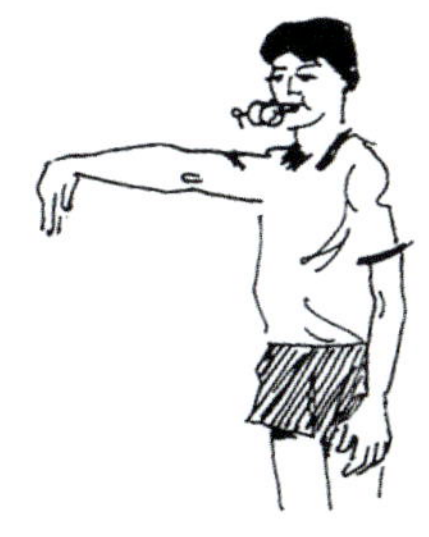

8 Abwurf aus dem Torraum

Schiedsrichter-Handzeichen

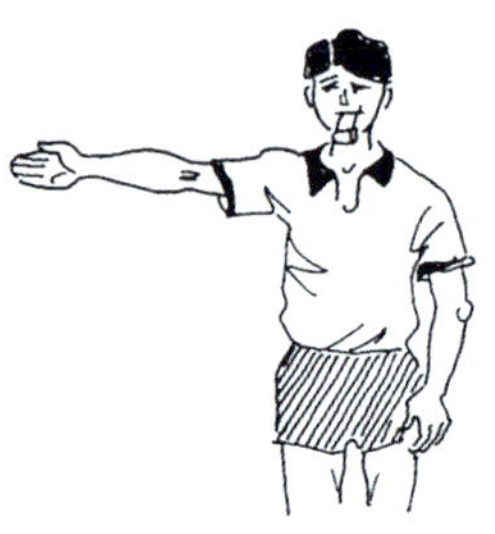

9 Freiwurf-Richtung

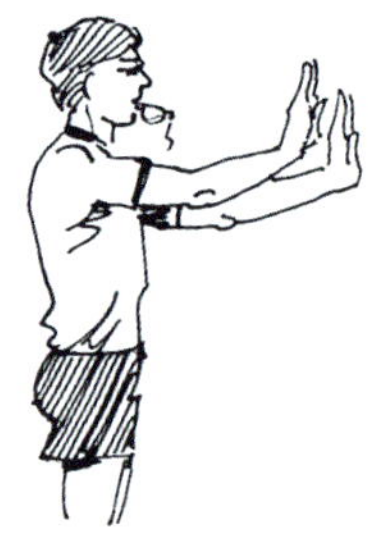

10 Nichtbeachten des Drei-Meter-Abstandes

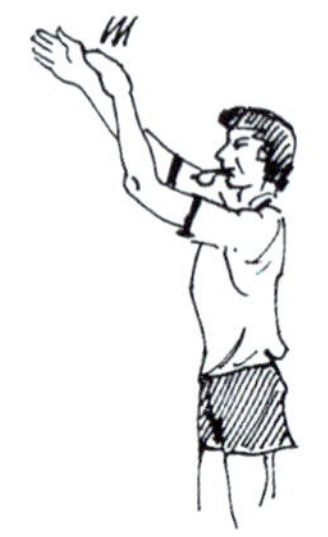

11 Passives Spiel

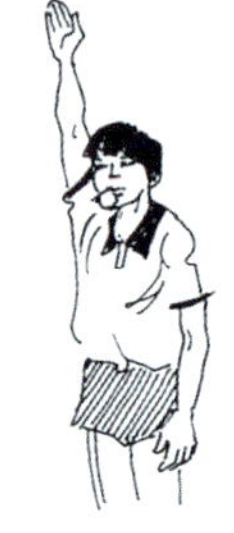

12 Torgewinn

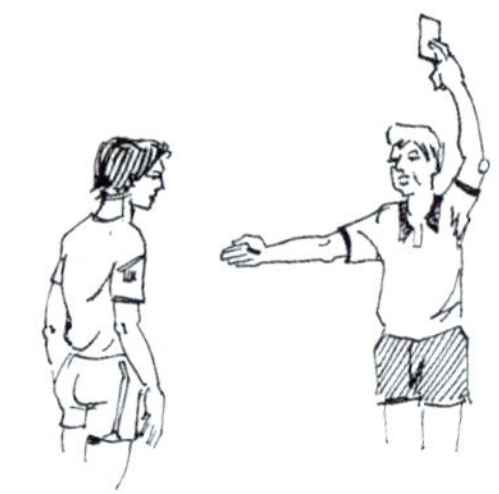

13 Verwarnung = gelbe Karte,
Disqualifikation = rote Karte

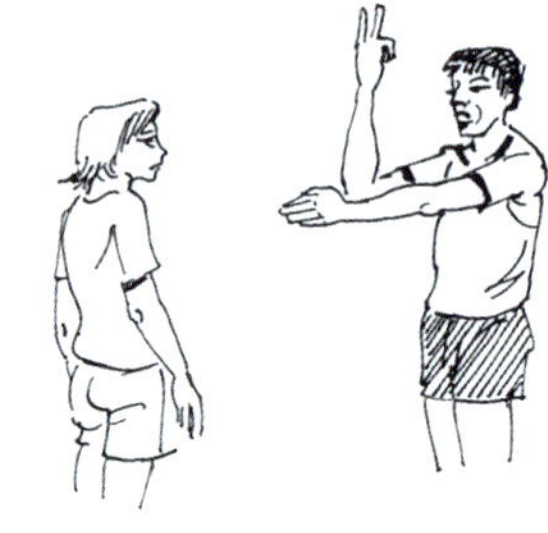

14 Hinausstellung (2 Minuten)

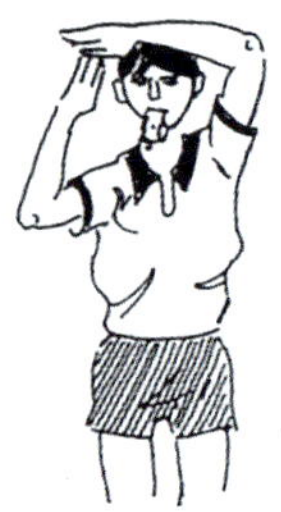

15 Spielzeitunterbrechung

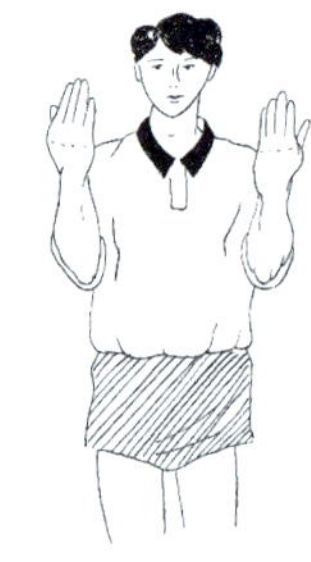

16 Erlaubnis für 2 Personen

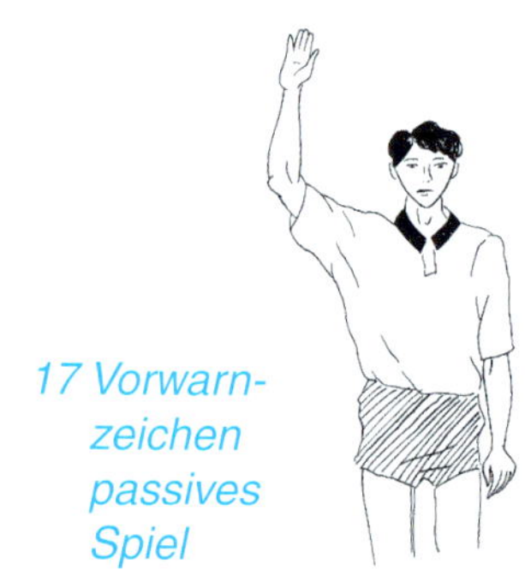

17 Vorwarnzeichen passives Spiel

Kontaktadressen

Deutscher Handball-Bund
Willi Daume Haus
Strobelallee 56, 44139 Dortmund
Telefon: 02 31/911 91-0
Telefax: 02 31/124 061
Internet: www.dhb.de

International Handball Federation
Peter Merian Strasse 23, CH- 4002 Basel
Telefon: 00 41/61 228/90 40
Telefax: 00 41/61 228/90 55
Internet: www.ihf.info

European Handball Federation
Hoffingergasse 18, A-1120 Vienna
Telefon: 00 43/180 15 10
Telefax: 00 43/180 151 49
Internet: www.eurohandball.com

Handball-Bundesliga GmbH
Willi Daume Haus
Strobelallee 56, 44139 Dortmund
Telefon: 02 31/911 91 71
Telefax: 02 31/911 91 75
Internet: www.toyota-handball-bundesliga.de

Handball Bundesliga Frauen
Vorsitz: Berndt Dugall
Strobelallee 56, 44139 Dortmund
Telefon: 0176/60 80 30 33
Internet: www.hbf-info.de

Deutscher Olympischer Sportbund
Otto-Fleck-Schneise 12, 60528 Frankfurt
Telefon: 069/67 00 0
Telefax: 069/67 49 06
Internet: www.dosb.de

Badischer Handball-Verband
Am Fächerbad 5, 76131 Karlsruhe
Telefon: 07 21/913 560
Telefax: 07 21/913 56 11
Internet: www.badischer-handball-verband.de

Bayerischer Handball-Verband
Georg-Brauchle-Ring 93, 80992 München
Telefon: 089/157 023 08
Telefax: 089/157 023 40
Internet: www.bhv-online.de

Handball-Verband-Berlin
Horst-Korber-Sportzentrum
Glockenturmstraße 3/5, 14053 Berlin
Telefon: 030/890 909 88
Telefax: 030/890 908 48
Internet: www.hvberlin-online.de

Handball-Verband Brandenburg
Heinrich-Mann-Allee 103, 14473 Potsdam
Telefon: 03 31/871 69 48
Telefax: 03 31/871 69 61
Internet: www.hvbrandenburg.de

Bremer Handball-Verband
Eduard-Grunow-Straße 30, 28203 Bremen
Telefon: 04 21/715 93
Telefax: 04 21/705 874
Internet: www.bremer-handball.de

Hamburger Handball-Verband
Schäferkampsallee 1, 20357 Hamburg
Telefon: 040/419 082 42
Telefax: 040/410 71 39
Internet: www.hamburgerhv.de

Hessischer Handball-Verband
Otto-Fleck-Schneise 4, 60528 Frankfurt
Telefon: 069/678 92 15
Telefax: 069/678 92 17
Internet: www.hessen-handball.de

Handball-Verband Mecklenburg-Vorpommern
Schwedenstraße 25, 17033 Neubrandenburg
Telefon: 03 95/544 26 88
Telefax: 03 95/544 26 99
Internet: www.hvmv.de

Handballverband Mittelrhein
Ginsterweg 2, 51107 Köln
Telefon: 02 21/229 44 05
Telefax: 02 21/229 44 400
Internet: www.handball-mittelrhein.com

Handball-Verband Niederrhein
Feuerbachstraße 80, 40223 Düsseldorf
Telefon: 02 11/332 424
Telefax: 02 11/334 955
Internet: www.hv-niederrhein.de

Handball-Verband Niedersachsen
Maschstraße 20, 30169 Hannover
Telefon: 05 11/989 950
Telefax: 05 11/989 95 20
Internet: www.hvn-online.de

Pfälzer-Handball-Verband
Postfach 1339, 67447 Haßloch
Telefon: 0 63 24/981 068
Telefax: 0 63 24/822 91
Internet: www.pfhv.de

Handball-Verband Rheinhessen
Rheinallee 1, 55116 Mainz
Telefon: 0 61 31/231 141
Telefax: 0 61 31/231 143
Internet: www.hv-rheinhessen.de

Handball-Verband Rheinland
Rheinau 11, 56075 Koblenz
Telefon: 02 61/135 120
Telefax: 02 61/135 162
Internet: www.hvrheinland.de

Handball-Verband Saar
Hermann-Neuberger-Sportschule
66123 Saarbrücken
Telefon: 06 81/387 92 49
Telefax: 06 81/387 92 48
Internet: www.hvsaar.de

Handball-Verband Sachsen
Am Sportforum 3, 04105 Leipzig
Telefon: 03 41/983 20 70
Telefax: 03 41/983 20 18
Internet: www.hvs-handball.de

Handball-Verband Sachsen-Anhalt
Rosengrund 7, 39130 Magdeburg
Telefon: 03 91/726 02 30
Telefax: 03 91/726 02 31
Internet: www.hvsa.de

Handball-Verband Schleswig-Holstein
Haus des Sports
Winterbeker Weg 49, 24114 Kiel
Telefon: 04 31/648 61 71
Telefax: 04 31/684 029
Internet: www.hvsh.de

Südbadischer Handball-Verband
Rehlingstraße 17, 79100 Freiburg
Telefon: 07 61/881 41 44
Telefax: 07 61/881 41 33
Internet: www.hv-suedb.de

Thüringer Handball-Verband
Schützenstraße 4, 99096 Erfurt
Telefon: 03 61/374 62 38
Telefax: 03 61/374 62 48
Internet: www.thv.info

Handballverband Westfalen
Strobelallee 56, 44139 Dortmund
Telefon: 02 31/573 455
Telefax: 02 31/572 139
Internet: www.handballwestfalen.de

Handball-Verband Württemberg
Fritz-Walter-Weg 19, 70372 Stuttgart
Telefon: 07 11/280 77 500
Telefax: 07 11/280 77 524
Internet: www.hvw-online.org

Literaturverzeichnis

Das folgende Literaturverzeichnis gibt einen Überblick über Publikationen zu den verschiedenen im Buch behandelten Themenbereichen (ohne Anspruch auf Vollständigkeit).

ANDRESEN/HAGEDORN:
Zur Sportspielforschung.
In Reihe: Theorie und Praxis der Sportspiele. Band 1, Berlin 1976.

ANDRESEN/HAGEDORN:
Lernen im Sportspiel. B.u.W.,1982.

BAUMBERGER:
Handball Spielen lernen.
Zürichsee/SVSS 1990.

BAGUV:
„Handball in der Schule – Wege zum sicheren Spiel".
Film und Broschüre „Unfallverhütung beim Handball".

BUCHER:
1004 Spiel- u. Übungsformen im Handball.
Schorndorf 1993.

CZWALINA:
Methodisches Handeln im Sportunterricht.
Schorndorf 1988.

DEUTSCHER FUSSBALL-BUND (Hg.):
Mit kleinen Spielen zum großen Spiel. Frankfurt a. M. 1983.

INTERNATIONALE HANDBALL FEDERATION:
Spielregeln: Juni 2010.

DEUTSCHER HANDBALL-BUND:
Kommt wir spielen Handball.
Dortmund 1993.

DIETRICH:
Fußball, spielgemäß lernen – Spielgemäß üben. Band 22.
Schorndorf 1984.

DIETRICH:
Sportspiele.
Hamburg 1985.

DIETRICH/DÜRRWÄCHTER/SCHALLER:
Die großen Spiele.
Aachen 2007.

DÖBLER/DÖBLER:
Kleine Spiele.
Berlin 1998.

DÜRRWÄCHTER:
Volleyball – spielend lernen, spielend üben. Band 14.
Schorndorf 1993.

EMRICH:
Wann spielen wir richtig?
In: Sport unterrichten, Kongressbericht Leipzig 1995.

EMRICH:
Handball in der Schule. Eine Spielreihe nach dem spielgemäßen Konzept, unveröffentlichtes Manuskript aus der Lehrerfortbildung.
OSA Freiburg.

EMRICH/SCHUBERT/SPÄTE/ROTH:
Handball-Handbuch 3.
Münster 1992.

FREY/KLOTZ:
Spielen mit dem Ball.
Mülheim an der Ruhr 1997.

GOLLHOFER:
Komponenten der Schnellkraftleistungen im Dehnungs-Verkürzungs-Zyklus.
SFT Verlag Erlensee 1987.

HOTZ:
Qualitatives Bewegungslernen.
SVSS-Verlag 1986.

KÄSLER:
Handball.
Schriftenreihe zur Praxis der Leibeserziehung und des Sports.
Band 32. Schorndorf 1981.

KÄSLER:
Das Training des jugendlichen Handballers.
Schorndorf 1982.

KNEBEL:
Funktionsgymnastik.
Reinbek bei Hamburg 2001.

KOCH:
Kleine Sportspiele.
Schorndorf 1996.

KRÖGER/ROTH:
Ballschule.
Schorndorf 1999.

LANG:
Spielen – Spiele – Spiel.
Schorndorf 2009.

LANGE/SINNING:
Neue und bewährte Ballspiele.
Wiebelsheim 2009.

MINISTERIUM FÜR KULTUS, JUGEND UND SPORT
IN BADEN-WÜRTTEMBERG (Hg):
Bildungspläne Sport für die allgemeinbildenden Schulen
(LPH 5-8: Grund-, Haupt-, Realschule und Gymnasium).
Stuttgart 1984.

MINISTERIUM FÜR KULTUS, JUGEND UND SPORT
IN BADEN-WÜRTTEMBERG (Hg):
Im Sport vereint (Broschüre).
Stuttgart 1988.

MINISTERIUM FÜR KULTUS, JUGEND UND SPORT
IN BADEN-WÜRTTEMBERG (Hg):
Schulsportwettbewerbe Schuljahr 1989/90 (Broschüre).
Stuttgart 1989.

MINISTERIUM FÜR KULTUS, JUGEND UND SPORT
BADEN-WÜRTTEMBERG:
Sport in der Schule
Handball
Spielen lernen durch das Spiel.

MÜLLER/STEIN/ KONZAG:
Handball spielend trainieren.
Berlin 1992.

SCHALLER:
Handball.
in: DIETRICH/DÜRRWÄCHTER/SCHALLER
Die großen Spiele Wuppertal: Putty 1976,1982,124-164.

SCHEUER/SCHMIDT/ZÖLLER:
Praxis-Handbuch Sport.
Böblingen 1986.

SCHUBERT/SPÄTE:
Kinderhandball. Spaß von Anfang an.
Handball Handbuch 1
Münster 2008.

OPPERMANN:
Handball Handbuch 6.
Münster 1997.

SINGER:
Spielschule Hallenhandball.
Stuttgart 1984.

SÖLL:
Leistungsbewertung und Notenregelung im Sport.
Lehrhilfen für den Sportunterricht.

SPORTPRAXIS:
Fachzeitschrift
Limpert Verlag.

Spielschule Handball heißt "Spielend Handball lernen".

Die Spielschule Handball veranstaltet zur Stärkung der Vereinsarbeit Vereinsförderkurse und Trainingslager, die in Theorie und Praxis auf die individuellen Bedürfnisse der Vereine zugeschnitten sind. Die Kursmaterialien im Anhang sind nur im Zusammenhang mit Konzept und Programm der populären Vereinsförderkurse zu sehen.

Vereinsförderkurs Spielschule Handball

Der Sportverein und seine Jugendlichen: *Vereinsstrategie der Zukunft*

Durchgängiges Vereinskonzept

Mannschaft	Trainer	Jahrgänge	Montag	Dienstag	Mittwoch	Donnerstag	Freitag	Samstag	Sonntag
Jun - A	Name								
	Tel.								
Jun - B	Name								
	Tel.								
Jun - C	Name								
	Tel.								
Jun - D	Name								
	Tel.								
Mini - A	Name								
	Tel.								
Mini - B	Name								
	Tel.								

Mini - B	Mini - A	Jun - D	Jun - C	Jun - B	Jun - A

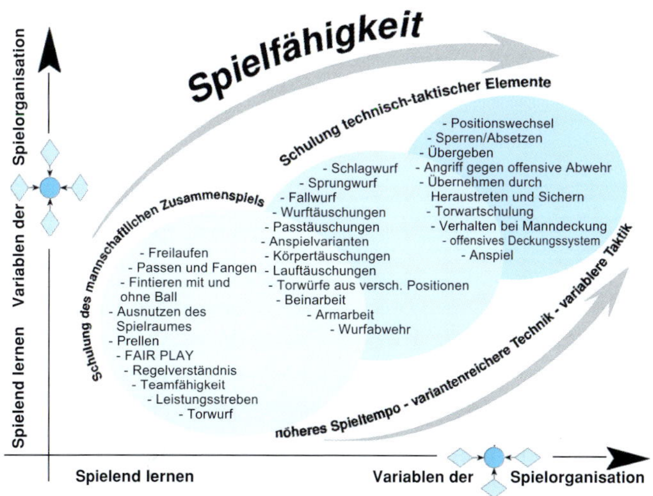

Vereinsförderkurs Spielschule Handball

Durchgängiges Vereinskonzept Trainingsinhalte

Mini - B	Mini - A	Jun - D	Jun - C	Jun - B	Jun - A

	Jahrestrainingsplanung											
	Vor-bereitungs-periode	Wettkampfperiode							Übergangsperiode			
	Aug.	Sept.	Okt.	Nov.	Dez.	Jan.	Febr.	März	April	Mai	Juni	Juli
Spielreihe												
Kleinfeldspiele												
Sektorenspiele												
Angriffsystem												
Abwehrsystem												
Gegenstoß												
Rückzugsphase												
Spielkonzeption												
Überzahl												
Unterzahl												
Technisch-taktische Elemente												
- individuell												
- Kleingruppe												
- Mannschaft												
Torwart												
motorische Grundeigenschaften												
Wurfkraft												
Sprungkraft												
Sprint-Schnelligkeit												
Step-Beinarbeit												
aerobe Ausdauer												
anaerobe Ausdauer												
Beweglichkeit												
Koordination												
	Mini - B		Mini - A		Jun - D		Jun - C		Jun - B		Jun A	

Ort: ______________ Zeit: ______ Dauer: ______ Wochentag: ________ Datum: ______

Vorbemerkungen: ____

____

____

Trainingsinhalt Aufwärmphase - Haupttrainingsphase - Auslaufen Zeitplanung	Intensität Dauer/Anzahl Belastung/Pause Umfang	Bemerkungen

Besondere Beobachtungen/Vorkommnisse: ____

____

____

Fehlende/verspätete Spieler: ____

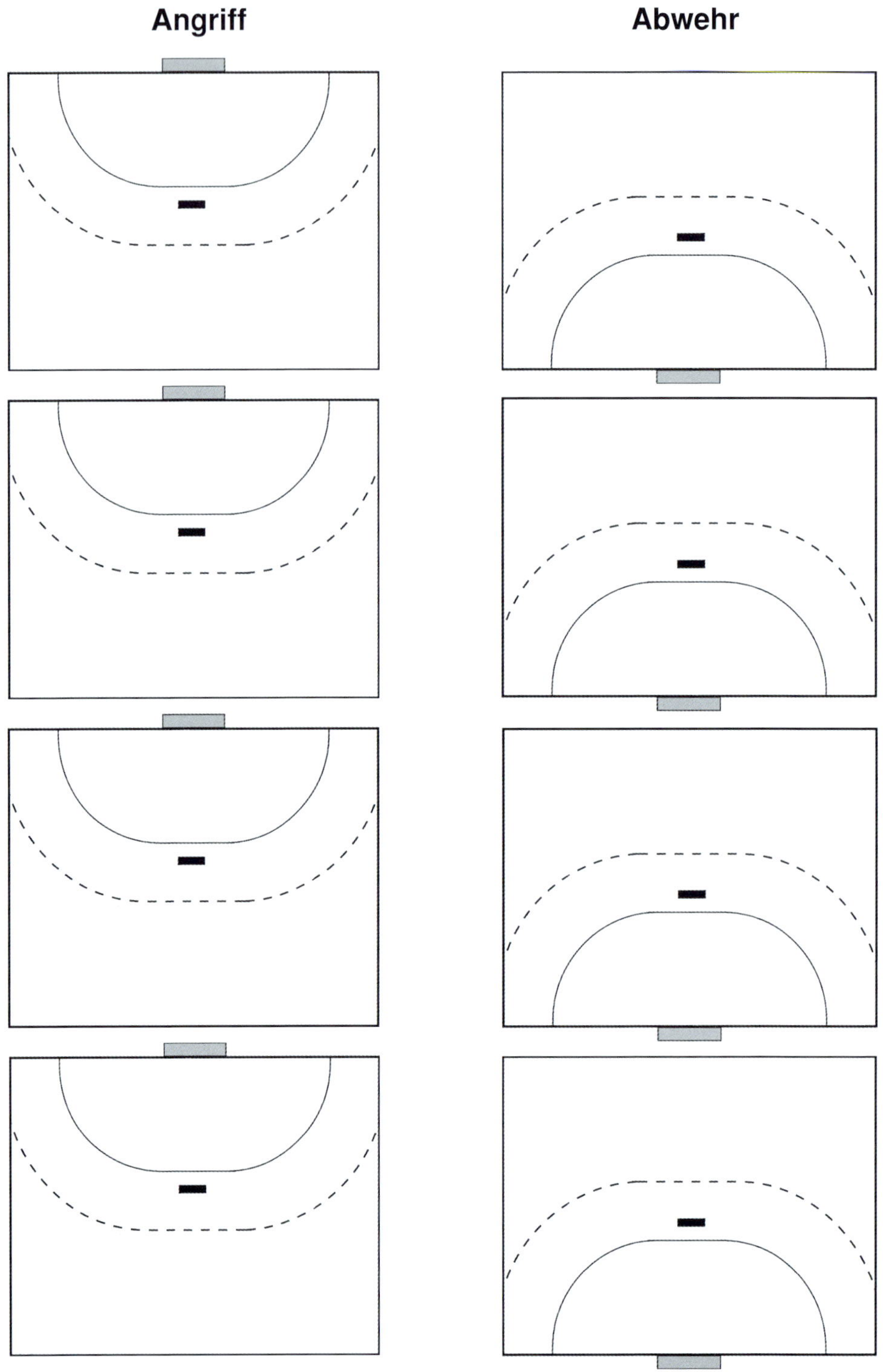
Angriff
Abwehr

Intensivierung des Trainings durch Spielformen in Sektoren

In allen Altersstufen haben sich zur Intensivierung des Trainings Spielformen in Sektoren bewährt. Die Spielformen stellen in der modernen Trainingspraxis ein effizientes Trainingsmittel dar, um die spielspezifischen Anforderungen komplex zu entwickeln. Das intuitive und kreative Spielen kommt voll zur Entfaltung bei gleichzeitigem Erlernen von technisch - taktischen Elementen. Auch bei den Spielformen in Sektoren sind die Variablen der Spielorganisation das methodische Kernstück in der Vorgehensweise. Die Entfernung des Torkreises, die Sektorenbreite, die Anzahl der Spieler und entsprechende Regelveränderungen sind der Altersstufe, dem Könnensstand der Spieler und der Zielsetzung anzupassen.

Sektorenspiele können auch in kleinen Hallen oder in einem Hallendrittel gut durchgeführt werden.

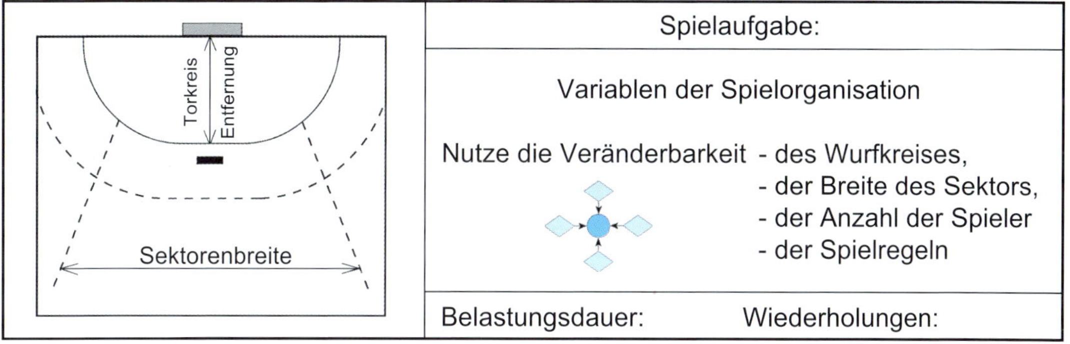

Beispiele:

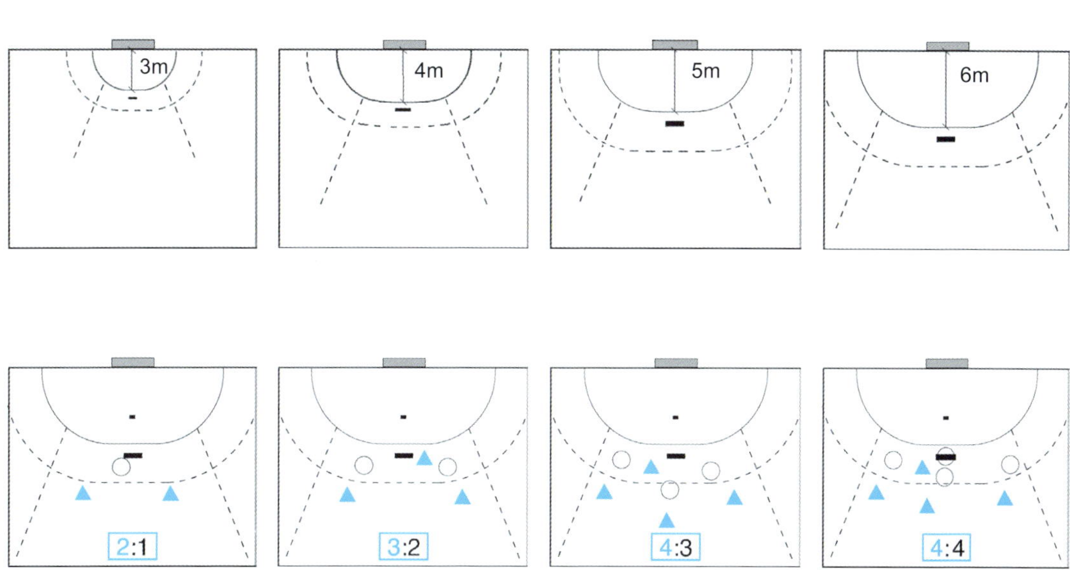

Merksätze und Beobachtungskriterien bei der Umsetzung der Spielformen in Sektoren

- Die Intensivierung des Trainings durch Spielformen in Sektoren erfordert von Trainern und Spielern Flexibilität und Positionsvariabilität, um moderne Spielauffassungen sich entwickeln zu lassen.
- Der Trainer muss immer wieder durch die **Variablen der Spielorganisation** Spielsituationen schaffen, die kreative Handlungsmöglichkeiten der Spieler fördern und zulassen.
- Kreativität setzt sowohl Freiräume innerhalb des Trainings als auch in den Köpfen der Spieler voraus. "Gewonnen wird im Kopf".
- Intuitives Spielen darf nicht nur erlaubt sein, sondern muss gefördert werden.
- Beim freien intuitiven Spielen breite Spielanlage (gesamte Spielfeldbreite) ausnutzen.
- Alle Spielformen sollen unter spielspezifischen Wettkampfbedingungen durchgeführt werden.
- Das Angriffs- und Abwehrverhalten muss gleichermaßen gefördert werden.
- Zwei Mannschaften spielen "Angriff-Abwehr" gegeneinander. Der Wechsel von Angriff-Abwehr erfolgt
    - nach einer bestimmten Anzahl von Angriffen
    - nach einer bestimmten Anzahl erzielter Tore
    - nach festgelegter Spielzeit
    - nach Ballverlust. Ballverlust bedeutet sofortiges Umschalten von Angriff auf Abwehr.

- "Spiel ohne Ball" muss bewusst gemacht werden (ggf. durch Regelveränderungen provozieren).
- Torwurfchancen mannschaftsdienlich und immer torgefährlich vorbereiten. Nur in aussichtsreichen Situationen auf das Tor werfen.
- Bei taktischem Angriffsspiel z. B.:
    - Auslösehandlung durch Sperren
    - Auslösehandlung durch Kreuzen
    - Auslösehandlung durch Einlaufen mit und ohne Ball muß jeder Ballhalter torgefährlich sein. Keine Alibiaktionen.

- Bei Auslösehandlungen breite Spielanlage beibehalten, Abwehrspieler binden und torgefährlich weiterspielen.
- Als Folge von Auslösehandlungen müssen auch Folgehandlungen ("Wie geht es weiter?") vorbereitet sein!

Intensivierung des Trainings durch Spielformen in Sektoren

Spielformen	Wettkampfspezifische Anforderungen	
2:1	Spielaufgabe:	
Sektorenbreite:	Belastungsdauer:	Wiederholungen:
2:1	Spielaufgabe:	
Sektorenbreite:	Belastungsdauer:	Wiederholungen:
2:1 2:1	Spielaufgabe:	
Sektorenbreite:	Belastungsdauer:	Wiederholungen:
Eigene Vorschläge	Spielaufgabe:	
Sektorenbreite:	Belastungsdauer:	Wiederholungen:

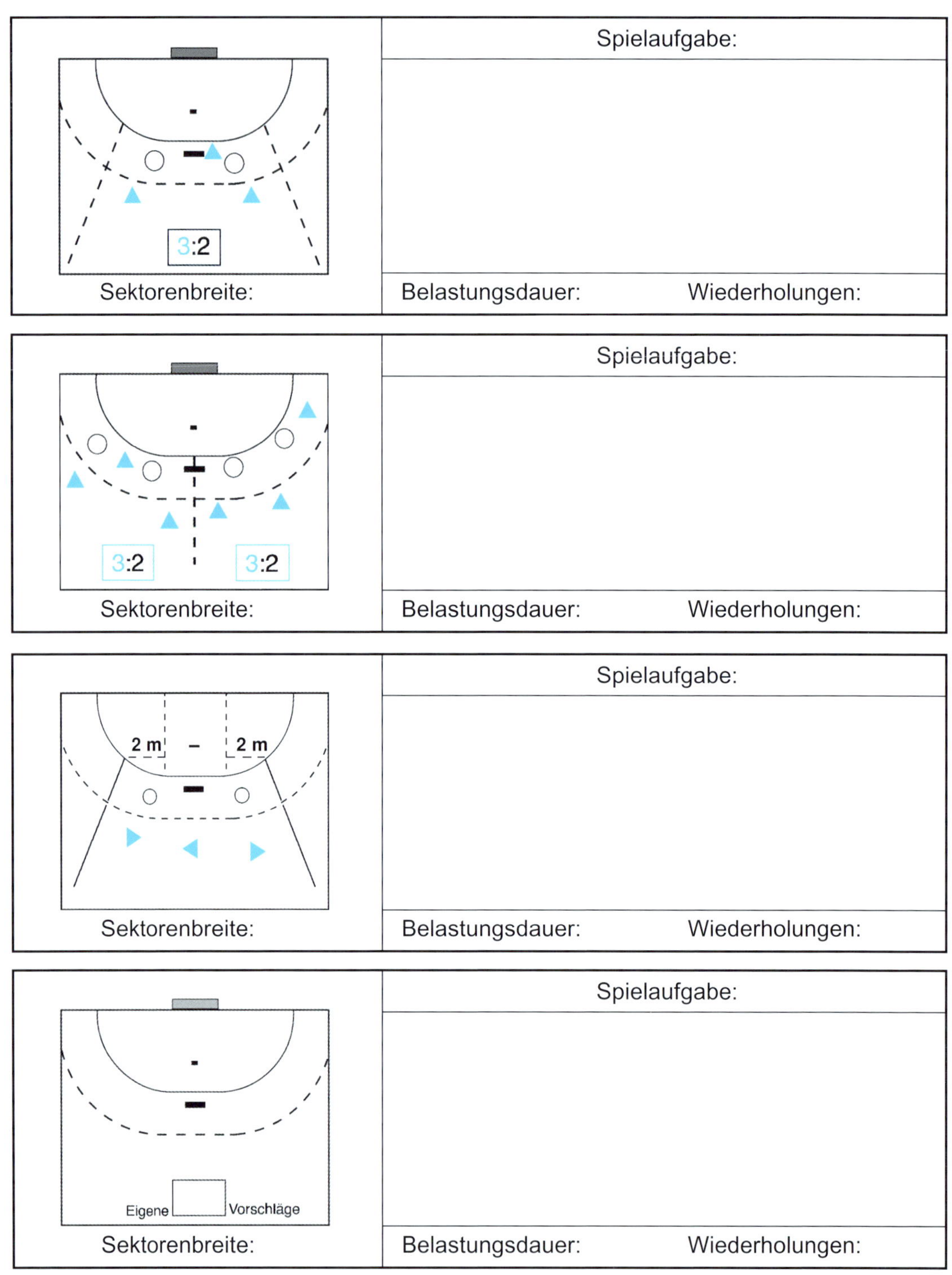
Spielaufgabe:
3:2
Sektorenbreite:
Belastungsdauer:
Wiederholungen:
Spielaufgabe:
3:2
3:2
Sektorenbreite:
Belastungsdauer:
Wiederholungen:
Spielaufgabe:
2 m
2 m
Sektorenbreite:
Belastungsdauer:
Wiederholungen:
Spielaufgabe:
Eigene
Vorschläge
Sektorenbreite:
Belastungsdauer:
Wiederholungen:

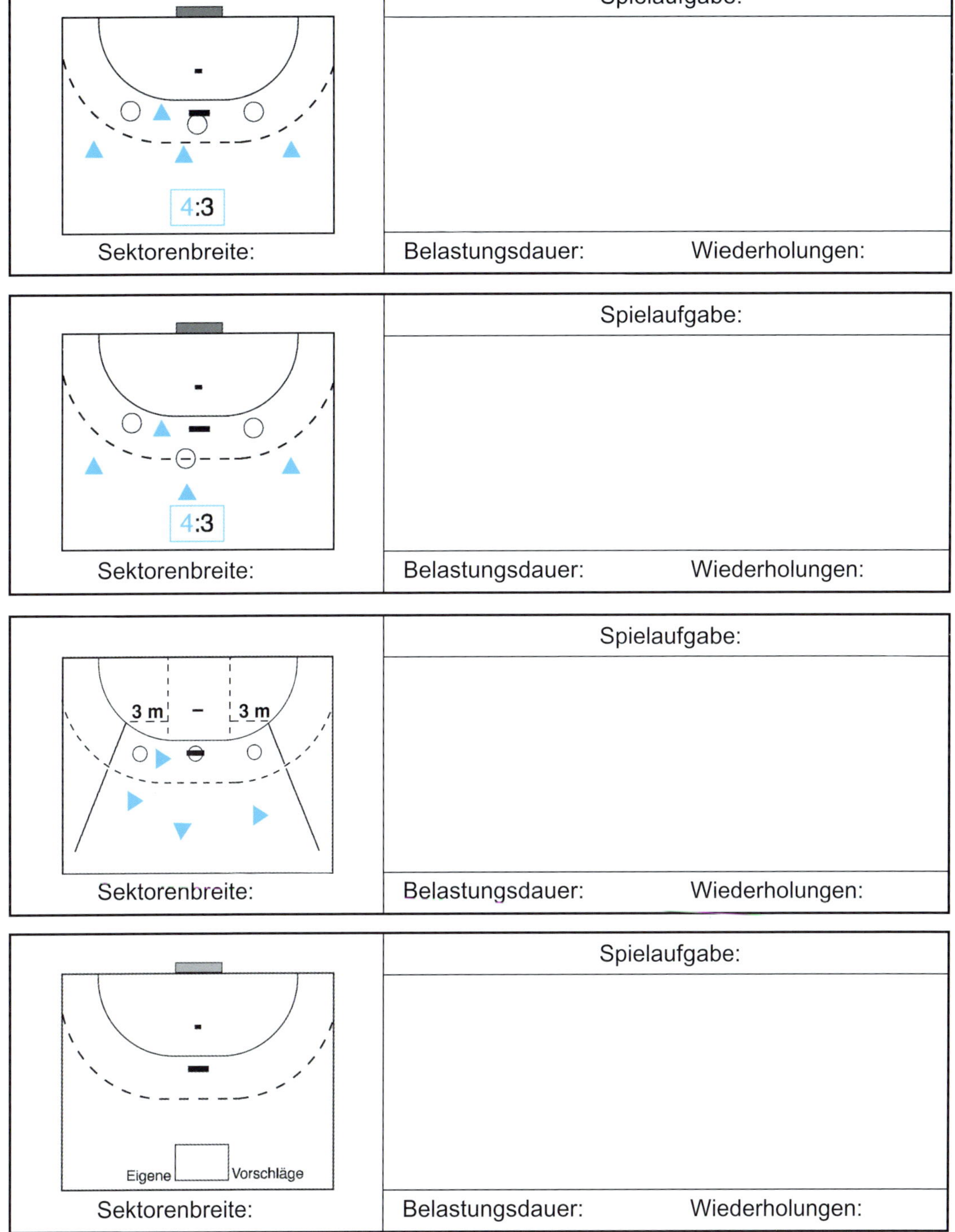
4:3
Sektorenbreite:
Spielaufgabe:
Belastungsdauer:
Wiederholungen:
4:3
Sektorenbreite:
Spielaufgabe:
Belastungsdauer:
Wiederholungen:
3 m
3 m
Sektorenbreite:
Spielaufgabe:
Belastungsdauer:
Wiederholungen:
Eigene
Vorschläge
Sektorenbreite:
Spielaufgabe:
Belastungsdauer:
Wiederholungen:

Spielformen	Wettkampfspezifische Anforderungen

	Spielaufgabe:	
Sektorenbreite:	Belastungsdauer:	Wiederholungen:

	Spielaufgabe:	
Sektorenbreite:	Belastungsdauer:	Wiederholungen:

	Spielaufgabe:	
Sektorenbreite:	Belastungsdauer:	Wiederholungen:

	Spielaufgabe:	
Sektorenbreite:	Belastungsdauer:	Wiederholungen:

Wandball als Turnierspiel in Schule und Verein

Zwei Mannschaften spielen gegeneinander. Ein Tor ist erzielt, wenn es der angreifenden Mannschaft gelingt ein **Aufsetzertor (Boden-Wand-Boden)** an der **gegnerischen Wand** zu erzielen. **Die gesamte Wandbreite gilt als Tor**.

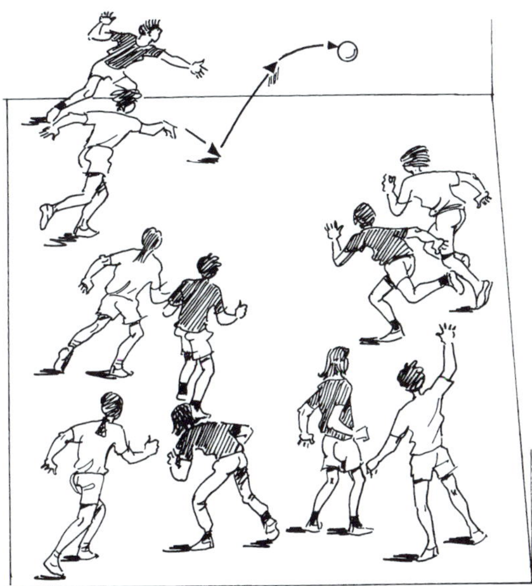

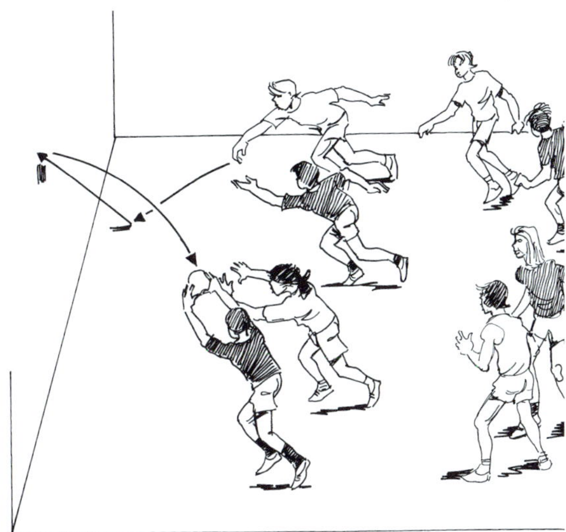

Der Torwurf ist **abgewehrt**, wenn ein Abwehrspieler der gegnerischen Mannschaft den von der Wand zurückprallenden Ausetzer-Ball fängt.

- Laufen mit dem Ball verboten
- 3 Schrittregel erlaubt
- Prellen verboten
- Torwurf ist aus jeder Entfernung erlaubt
- Torgröße 15 m

Spiele	M : M	Ergebnis	Punkte
1	1 : 2		
2	3 : 4		
3	1 : 3		
4	2 : 4		
5	1 : 4		
6	2 : 3		

Mattenball als Turnierspiel in Schule und Verein

Zwei Mannschaften spielen gegeneinander und versuchen, den Ball auf der gegnerischen Weichbodenmatte **beidhändig in Bauchlage** abzulegen.
Auf korrekte Ausführung achten!

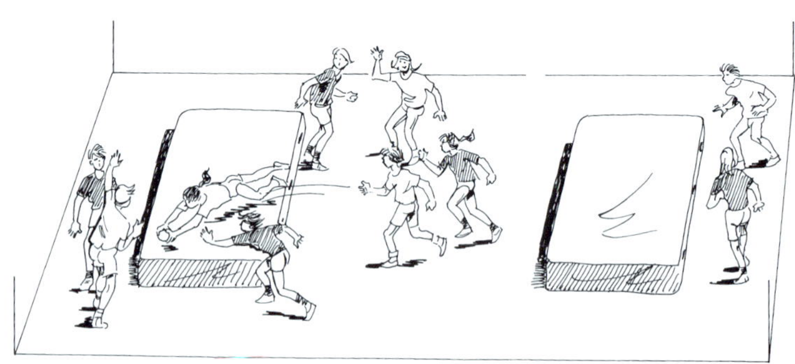

Regelwerk:

Berühren und/oder Überqueren der **eigenen** Matte bedeutet "**Abwehr im Kreis**".
Berührt ein Abwehrspieler die eigene Matte, wird dies als Punkt für den Gegner gewertet!

Berühren und/oder Überqueren der **gegnerischen** Matte gilt als "Kreisübertritt".
Der Ball wechselt zur gegnerischen Mannschaft. Prellen verboten; Laufen mit dem Ball verboten ; max. 3 Schritte erlaubt. Körperloses Spiel! Fair Play!

Spiele	M : M	Ergebnis	Punkte
1	1 : 2		
2	1 : 3		
3	2 : 3		

Spiele	M : M	Ergebnis	Punkte
1	1 : 2		
2	3 : 4		
3	1 : 3		
4	2 : 4		
5	1 : 4		
6	2 : 3